湛庐CHEERS

与最聪明的人共同进化

HERE COMES EVERYBODY

戈特曼“亲密关系”系列

THE HEART OF PARENTING

培养
高情商的孩子

[美] 约翰·戈特曼 John Gottman
琼·德克莱尔 Joan DeClaire 著
付瑞娟 译

浙江科学技术出版社

测一测

你会培养孩子的情商吗？

扫码激活这本书
获取你的专属福利

扫码获取全部测试题及答案，
一起了解如何引导孩子的情绪

- 接纳孩子的情绪不等于接纳孩子的行为，而只有接纳孩子的情绪才可能指导孩子的行为。这是对的吗？（ ）

  A. 对

  B. 错

- 设想你的孩子在商场走丢了，你非常着急，过了一会儿，商场员工帮你找到了他。这时候正确的做法是：（ ）

  A. 对孩子说：“你这个傻孩子！气死我了，再也不带你来商场购物了。”

  B. 先不理孩子，什么时候他主动过来承认错误什么时候再理他

  C. 什么也不说，买好吃的安慰下

  D. 对孩子说：“你刚才一定很害怕。我也特担心。过来让我抱抱你，过会儿，咱们再讨论发生了什么。”

- 家庭冲突是很难避免的，当夫妻双方发生冲突时，正确的做法是：（ ）

  A. 妈妈让孩子选择和谁站在一边

  B. 爸爸问孩子：“如果离婚了，你选择和谁过？”

  C. 尽管孩子站出来调停，父母仍继续争吵

  D. 妈妈对孩子说：“爸爸妈妈需要解决一些问题，这一切都不是你的错。”

扫描左侧二维码查看本书更多测试题

JOHN GOTTMAN
约翰·戈特曼
“婚姻教皇”
与罗杰斯、荣格齐名的心理学家

专注 50 余年

“爱情实验室”与“婚姻教皇”

美国知名畅销书作家马尔科姆·格拉德威尔曾在自己的一本著作中写道：“他是一位个子不高的男士，长着猫头鹰般敏锐的眼睛，头发花白，胡须修得整整齐齐。他魅力超凡，总能与人相谈甚欢，每当谈到让他兴奋的话题时，他的眼睛便闪闪发亮，更加炯炯有神。他的身上仍带有 20 世纪 60 年代嬉皮士的范儿，比如他那顶偶尔扣在犹太编织圆帽上的红军帽。”

马尔科姆笔下的这个人便是全球人际关系领域公认的殿堂级人物——约翰·戈特曼。从 20 世纪 70 年代至今，戈特曼对人际关系、婚姻关系及家庭关系进行了长达 50 余年的跟踪研究。1992 年，戈特曼与其妻子主持的爱情实验室公布了堪称史上最大规模的家庭关系研究结论，在这项涉及近 3 000 个美国家庭、700 对新婚夫妇的纵向研究中，戈特曼可以在 5 分钟内判断一对夫妇未来一年内的婚姻状况，准确率高达 91%。

爱情实验室的门槛被蜂拥而至的媒体踏平，《早安美国》《今日秀》《CBS 早间新闻》《奥普拉脱口秀》《纽约时报》《人物》《今日心理》《西雅图时报》等争相报道戈特曼的神奇预言。有媒体甚至因戈特曼拯救了万千陷入危机的家庭而称其为“婚姻教皇”。戈特曼的著作《幸福的婚姻》更是畅销 20 余年，长期盘踞同类图书榜首，横扫全球 22 个国家，被《哈佛商业评论》誉为沟通经典之作。

用数据说话

大数据时代的亲密关系真相

戈特曼在 50 余年的研究生涯中始终致力于将人与人之间的关系与行为数据化，并通过建立数学模型来预测人的行为。他研究成果中的诸多数据广为流传，甚至已经成为共识，比如，婚姻稳定的夫妻释放的积极信号和消极信号比是 5∶1，最终离婚的夫妻释放的积极信号和消极信号比则是 0.8∶1；婚姻中有 69% 的冲突永远无法解决；67% 的新手父母都对彼此非常不满；等等。通过对这些数据的分析和应用，戈特曼得以不断完善其独特的婚姻治疗方法，从而帮助伴侣消除感情障碍，改善相处模式，巩固亲密关系。

如今，戈特曼针对情侣、父母、单身人士、心理咨询从业者，已打造出一套科学而完备的亲密关系经营方法，为这些处于不同身份、不同人生阶段的人揭示了建立、经营与修复亲密关系的黄金法则。他在《爱的沟通》中给单身人士打造了一份科学恋爱攻略，又经《幸福的婚姻》提供了一份经久不衰的婚姻经营宝典，他在《爱的冲突》中鲜明地提出了让亲密关系走向成熟的磨合法则，又通过《幸福婚姻的 10 大敌人》提供了一份及时的婚姻抢救实战方案，他以《爱的博弈》指导伴侣修复信任，又以《当婚姻中有了孩子》为有孩子的伴侣送去一份爱情保温指南，他用《培养高情商的孩子》教会父母让孩子受益一生的情商训练法，又用《人的七张面孔》向所有人揭示了打造良好人际关系的秘诀……他毫无保留地将“戈特曼方法”传入千家万户，深刻改变了两代人的婚恋观。

与罗杰斯、荣格齐名的心理治疗大师

无论在婚姻、亲子领域，还是在商业、职场中，戈特曼带给人际关系研究的变革都是划时代的。深耕人际关系领域 50 多年来，他建构的人际关系模型是目前心理学领域少有的可预测性数理模型，他的研究已使超过 38 个国家的数百万对夫妇和数万名临床医生直接受益，也已帮助无数面临人际和沟通问题的职场中人打破困局，达到人生的新高度。他极具科学性的研究让人耳目一新，也让人与人之间的沟通回归真挚且更加有效。

2007 年，美国具有相当权威性的刊物《美国心理治疗网络》及《美国心理学家》杂志同时评出 20 世纪最后 25 年间，美国心理治疗师眼中 10 位最具影响力的心理治疗大师，戈特曼赫然在列，与卡尔·罗杰斯、卡尔·荣格共享殊荣。

戈特曼同时收获了美国家庭治疗领域的所有专业大奖。4 次荣获美国国家心理健康研究所科学研究者奖章，并获美国婚姻与家庭治疗协会杰出科学研究者奖章、美国家庭治疗学会杰出贡献奖、美国心理学会家庭心理学分会会长奖章。

戈特曼
“亲密关系”系列

《爱的沟通》
《幸福的婚姻（全新升级版）》
《爱的冲突》
《幸福婚姻的 10 大敌人》
《爱的博弈》
《当婚姻中有了孩子》
《培养高情商的孩子》
《人的七张面孔》

缅怀海姆·吉诺特博士

感谢他为亲子沟通所做的贡献

EQ

中文版序

是什么让我们在一起

约翰 · 戈特曼

朱莉 · 施瓦茨 · 戈特曼

戈特曼“亲密关系”系列终于跟中国读者见面了，我和妻子朱莉·施瓦茨·戈特曼（Julie Schwartz Gottman）对此倍感欣喜。借此机会，我们要向所有的中国读者表达最诚挚的问候。

中国是一个伟大的国家，也是世界文明发展的引领者。只要是受过教育的人，没有谁不会对中国的灿烂文化、艺术、科学以及对世界的贡献赞叹不已。如今，中国在世界和平发展以及全人类的繁荣等方面起着领导作用。我们对此感到由衷的钦佩，并真诚地祝愿所有中国人幸福、长寿。

我们衷心地希望，世界上所有人都能认识到，人类是一个大家庭，有许多共同点，我们也正因如此才能如亲人般紧密相连。尽管不同国家或地区的人分歧和矛盾不断，然而冥冥之中，始终有一股强大的力量把人类紧密联结在一起，这种力量就是爱。对爱的渴望是人类的共同追求。人们期待矢志不渝、一生一世的爱。人们期望通过爱建立家庭，共同追寻生活的意义，共同为养育健康、蓬勃而可爱的下一代努力。希望所有人能共享这样的爱。爱是把所有人联结到一个伟大的人类大家庭中的纽带，是凝聚万物的力量。我们愿意和所有人一起，为这种爱欢呼。

我们一直致力于通过客观的科学方法，从亲密关系中的“成功者”和“失败者”身上学习关于爱的知识。在这个过程中，我们有幸认识了数以千计的伴侣，他们自愿加入我们的科学研究和临床治疗工作中，令我们十分感动。与此同时，我们和同事罗伯特·利文森（Robert Levenson）博士一起，以非常高的准确率预测了美国伴侣亲密关系的未来发展状况。至今，我们对此依然感到非常惊讶。在过去的30多年里，我们将这种预测性的理论知识转化为改善亲密关系的实践方法，并在全球许多国家进行了系统性实证研究，以测试这些方法的效果。我们发现，这些方法也适用于美国以外的其他国家或地区的伴侣，对此，我们同样感到非常惊讶。当然，在一开始，我们还未对这些方法同样适用于中国人有十足的信心，好在结果证明，它们也为成千上万个中国人带来了幸福，我们备受鼓舞，也十分欣慰。现在，戈特曼“亲密关系”系列出版了，希望它能继续为中国读者的幸福旅程助力。

当今世界，各国仍存在着较大的政治和文化分歧，以及我们不愿意看到的两极分化，这使一些国家或地区的人们日益疏远甚至形同陌路。那么，我们能做什么呢？从现在开始，一起从科学中学习坚韧而持久的爱吧。只有爱能让我们求同存异，并意识到彼此是真正的兄弟姐妹。同样，在寻找人生伴侣的过程中，我们将看到，拥堵的冲突之路可以轻而易举地变成辽阔的相爱之路。**在戈特曼“亲密关系”系列中，我们希望每个人都会看到，**

在我们对爱人日常的愤怒和失望中，其实蕴藏着欲望、梦想，也蕴藏着可以将冲突转变为亲密联结的蓝图。我们首先要做的，就是学习如何把冲突转化为联结。也许在这个小小的星球上，无论身处何地，学会深爱他人都是我们通往共情、慈悲和爱的必由之路。

培养高情商的孩子，从父母自身做起

孙云晓
中国家庭教育学会副会长
中国青少年研究中心研究员

今天，我们在越来越多的媒体中看到有关教养悲剧的报道。在激烈争论对与错的同时，父母们常常感到困惑：这些不幸的背后似乎没有什么问题，父母为人并不差，教育孩子也很严格，怎么就会出现问题呢？就绝大多数情况而言，我从不怀疑父母对孩子的爱，甚至认为父母之爱是家庭教育最重要的动力。然而每一对父母也非常需要反思，需要想一想孩子究竟需要什么样的爱，或者更为准确地说，究竟什么样的爱最有利于孩子的健康成长。

情商教育，从了解教养风格开始

长期以来，我们把孩子过于简单化了，以为只要有爱就可以对孩子发号施令，比如，不许哭、不许问、不许辩解，也不许消极。实际上，这样做的结果是，我们把孩子的许多情绪问题掩藏或转移了，久而久之，这些没有解决的问题就成了垃圾，成了各种心理问题的根源。诚如人际关系大师约翰·戈特曼博士所说，父母与孩子之间的情绪沟通方式决定了孩子情商的养成。

按照约翰·戈特曼博士的研究，父母们大致可以分为 4 种类型，即忽视型、压抑型、放任型和情绪管理训练型。

● 忽视型父母：只问成绩，不问情绪

忽视型父母常常为孩子的消极情绪关上发泄的大门。

这些年流行的所谓“虎妈”“狼爸”之类的教育经验，实则忽视了孩子的权利，忽视了孩子的情绪，是一个普遍存在的教育误区。再看看 6000 多万留守儿童，多项调查显示，留守儿童偶尔与远在城市打工的父母通话时，父母往往只关心其学习成绩和饮食情况，很少听孩子诉说生活上的难题和心中的烦恼。

● 压抑型父母：这也不许，那也不许

压抑型父母与忽视型父母有类似之处，但他们常常压抑孩子的情绪。他们的孩子常常因为表达悲伤、愤怒或恐惧等情绪而被斥责、管教或惩罚。压抑型父母会以培养坚强男人的名义，对表达恐惧或悲伤之情的儿子进行惩罚；以养育心地善良的女人的名义，要求女儿把愤怒情绪往肚子里咽，强颜欢笑。但效果适得其反，因为这些孩子错失了体会自己情绪的经历，不懂得如何有效应对情绪，所以长大后面对生活中的重重挑战将不知所措。如果心中的消极情绪不能得到及时释放和疏导，其危险不亚于一枚炸弹。

● 放任型父母：无原则地接受和认同

什么是放任型父母呢？他们接受孩子的情绪，不论孩子表达何种情绪，他们都会急切地表示无条件认同。但问题是，放任型父母通常缺乏指导孩子应对消极情绪的技巧。面对孩子的感受，这类父母采取的是不干涉的理念，似乎让孩子表达出自己的情绪，父母的使命就算圆满完成了。

近些年来，中国越来越多的父母崇尚所谓的自由教育，给孩子无边无际的自由，却没有基本的规则和要求，将自由与放纵混淆。

显然，问题孩子往往出自忽视型、压抑型或放任型的家庭。我们可以把这 3 个类型的家庭教育作为三面镜子，请父母们经常自觉地照一照，真正做到引以为戒。

决定家庭教育成败的，是父母的教育素质

无论是家庭教育成功还是失败的案例，都反映出一个共同的规律，即决定家庭教育成败的，不是父母的文化素质，也不是经济能力，而是父母的教育素质，即教育观念、教育方法和教育能力。本书作者约翰·戈特曼博士所推崇的情绪管理训练型父母，就是教育综合素质较高的父母。

情绪管理训练型父母和放任型父母有某些相似之处。这两类父母看起来都会无条件地包容孩子的感受，都不会忽略或否定孩子的感受，更不会因为孩子表达情绪而忽视或嘲弄他们。然而，这两类父母也存在很大的不同——情绪管理训练型父母扮演孩子情绪世界导师的角色。他们不只接纳孩子的情绪，更对孩子的不当行为划定界限，教孩子如何调整情绪、找到

合适的表达方式，指导他们解决问题。

关于家庭教育，我的基本观点之一就是好的关系胜过许多教育，甚至可以说，关系好坏决定教育成败。何为好的关系呢？首先就要共情，即充分理解孩子的感受，有成为孩子知己的能力，即所谓“好父母永远跟孩子是一头的”。或许有很多人会质疑：与孩子共情的父母的教育原则哪里去了？戈特曼也给出了划定行为界限的原则：接纳孩子的情绪不等于接纳孩子的行为，而只有接纳孩子的情绪才可能指导孩子的行为。

父亲的影响力不可替代

毫无疑问，父母离婚和父教缺失均可能造成孩子极大的情绪困扰。因此，戈特曼在本书中专门设立章节，深入分析了这些复杂的问题。我非常赞同哈佛大学教授罗斯·帕克（Ross Parke）的观点：人的发展有两个方向，一是亲密性，二是独立性。母亲在培养孩子亲密性方面具有天然的优势，父亲则在培养孩子独立性方面有不可取代的作用。发展亲密性和独立性都与情商密切相关，情商低就无法发展出真正的亲密性和独立性。

《培养高情商的孩子》一书，几乎可以说就是一本情绪管理训练的手册，其最大的魅力在于论证的严密性、案例的丰富性和方法的可操作性。作者还把情绪管理训练和孩子的成长合二为一，分别列出针对婴儿期、幼儿期、幼童期、少年期和青春期不同的训练要点，进一步增强了本书的实用性。正是基于以上的所感所悟，我愿意推荐《培养高情商的孩子》，这是值得天下父母和教师用心读的好书。

EQ

推荐序2

一个艰难的时代：关于孩子与父母

丹尼尔·戈尔曼
畅销书《情商》作者

这个时代对孩子来说是艰难的，对父母来说同样如此。在过去的一二十年里，孩子的童年体验和周遭环境发生了天翻地覆的改变。孩子们需要更加努力才能读懂人心，父母们需要花更多的心思教心爱的孩子懂得这些道理。而今，父母还需要足够明智，才能让孩子情商更高，更好地融入社会。在这本实用的养育指南中，约翰·戈特曼告诉了我们该怎么做。

在情商方面对孩子进行教育，这一需求已经变得十分迫切。看看下面这些数据吧：在过去的几十年里，未成年人杀人犯罪事件增长至原来的4倍，自杀事件增长至原来的3倍，强奸犯罪事件增长至原来的2倍。在这些吸引眼球的数字背后，是一种普遍存在的对孩子情绪健康的隐忧。研究人员在全美范围内对20世纪70年代中期出生的孩子和20世纪80年代后期出生的孩子进行了随机调查，根据这些孩子的父母和老师的评价，他们发现，这两个年龄段的孩子都表现出一个非常明显的变化趋势。他们在情绪调节和社会适应能力方面都有普遍下降趋势，具体表现在 40 多项指标上：这些孩子变得更加紧张、易怒，更容易生气、抑郁、孤单，更加冲动和叛逆。

这种严峻形势的背后，隐藏着巨大的推动力。首先，在新的经济环境下，父母需要更加努力工作，才能支持整个家庭，这意味着他们和孩子待在一起的时间比自己童年时父母花在自己身上的时间要少得多。其次，很多家庭与亲友居住得相对分散；在居住的社区里，父母通常不放心让孩子独自在街上玩，去邻居家串门就更不可能了。另外，在童年时期，孩子有很大一部分时间是盯着电视或电脑屏幕度过的，这意味着他们将没有太多时间和其他孩子一起玩耍。

回顾人类历史，孩子们难道不是通过自己的父母、亲戚和邻居，通过与其他孩子的打闹嬉戏，逐渐学会情绪调节和社会相处技巧的吗？

如果不能掌握情商所要求的基本技巧，后果将非常严重。例如，有证据显示，不能区分焦虑和饥饿感的女孩更容易出现饮食紊乱，而在童年时期不善于克制冲动的女孩更容易在 20 岁前未婚先孕。对男孩来说，童年时期冲动的个性使其更容易犯罪或发生暴力行为。对所有孩子来说，如果不能处理焦虑、抑郁等情绪，他们将来吸毒或酗酒的风险将会很大。

在这种形势下，父母应充分利用与孩子相处的宝贵时间，积极主动地指导孩子学会人际相处的基本技巧，如理解并应对消极情绪、控制冲动、学会共情等。在本书中，约翰·戈特曼给我们提供了有科学依据而又非常实用的指导，帮助父母教给孩子受用一生的情绪调节能力。

EQ

前言

成功育儿并不难

在成为一名父亲之前，我已经花了将近 20 年的时间研究儿童发展心理学，专注于孩子们的情绪世界。然而，直到 1990 年我的女儿莫利亚来到这个世界，我才开始真正理解父母和儿女之间关系的真相。

和很多父母一样，我没有料想到自己会在孩子身上付出如此多的心血。我从来没想过，女儿的第一次笑、第一次说话、第一次读书，会让我多么激动；我也无法预料，每分每秒，她需要我投入多大的耐心与专注；我更无法知道，只要她需要我的注意，我会多么愿意为她一个人而专注。但与此同时，在这段关系中时常感受到的受挫、失望和脆弱，也让我惊奇不已。受挫，是因为发现自己有时无法和她交流；失望，是因为她有不好的行为；脆弱，是因为这个世界太危险，而失去她就意味着让我失去整个世界。

我在体会自己这些感受的同时，在事业上也有了相应的突破。作为一个犹太人，我的父母为了躲避大屠杀而从奥地利逃离，我尊重那些反对权威主义的理论家为了培养心理健康的孩子所做出的努力。这些理论家认为，家庭应该是民主的，孩子和父母间应该是一种理性、平等的伙伴关系。但基于我多年关于家庭动力学的研究，有越来越多的新证据表明，父母与孩子之间的情绪交流将对孩子长期的身心发展产生更大的影响。

然而，令人意外的是，当今社会给父母的建议大多忽略了“情绪”这一话题。相反，这些建议借助于一些育儿理论来处理孩子的不良行为，却对孩子这些不良行为背后的情绪毫不理会。然而，我们养育孩子的终极目标并不单单是培养一个听话、顺从的孩子。我们希望自己的孩子有着良好的道德品质，成为一个负责任的人，并能对社会有所贡献；希望他们有能力在生活中为自己做决定，享受自己的才华所创造的成就，享受生活的全部乐趣；希望他们和朋友保持良好的友谊，未来能拥有幸福美满的婚姻，并最终成为称职的父母。

我在研究中发现，在养育孩子的问题上，父母仅仅有爱还不够。很多父母正是由于对孩子太过热心和在乎，才会对自己和孩子的情绪有着特别的要求，这反而成为他们与孩子交流时的障碍，让他们在孩子伤心、害怕或生气时无法与孩子交流。然而，尽管爱不能解决一切问题，但如果父母把这种感情通过某些基本的技巧传递出来，进而在情绪上引导孩子，则足以助力他们解决一切难题。其中的关键就在于，当孩子变得情绪化时，父母该如何与孩子进行有效交流。

我和我的团队对很多家庭进行了详尽的实验与调查，并对这些家庭中的孩子进行了多年的跟踪研究。经过 10 年的跟踪调研后，我们发现有一类父母在孩子变得情绪化时做了 5 件非常简单的事情，这 5 件简单的事情统称为“情绪管理训练”（emotion coaching）。我们发现，愿意进行情绪管理训练的父母养育的孩子，和那些没有进行情绪管理训练的父母养育的孩子，有着截然不同的成长轨迹。

这些接受过情绪管理训练的孩子长大后成了丹尼尔·戈尔曼口中的“高情商”的人。这些孩子比普通的孩子在情绪管理方面有着更强的能力，其中包括调节自我情绪的能力。在失落的时候，这些孩子更善于安慰自己。他们能更快地让心情平静下来。也正因为他们在生理上更善于让自己恢复平静，他们感染疾病的概率大大降低，并且比别的孩子更容易集中注意力。即使在人际关系最艰难的儿童中期，他们也能更好地与人相处—在这个成长阶段，被人嘲弄是每个孩子都会经历的，大多数孩子都会因此变得极度情绪化。他们更能理解他人，和别的孩子有着更好的友谊，在学校里的学业表现也相当出色。简而言之，他们养成了一种特别的智商—处理周围人际关系、掌控自己情绪的智商，换言之就是我们常说的“情商”。这本书将教给你关于情绪管理训练的 5 个步骤，帮你养育一个拥有高情商的孩子。

在我历时多年的纵向研究中，我一直强调父母和孩子间情绪联结的重要性。据我所知，我的研究首次证实了杰出的儿童问题专家海姆·吉诺特（Haim Ginott）的观点和研究成果。早在 1960 年，海姆·吉诺特就著书教育父母如何与孩子进行有效沟通。吉诺特理解当孩子情绪不好时与他们沟通的重要性，理解父母此时应该遵循什么样的基本原则。

有了这套情绪管理训练，我们就有了与孩子进行情绪沟通的行为准则。当父母给孩子以同理心，并帮助他们应对愤怒、悲伤和恐惧等消极情绪时，父母也在用爱意和忠诚铸就一座与孩子沟通的桥梁。如此一来，尽管那些对孩子进行情绪管理训练的父母也会遇到瓶颈，但孩子的不良行为已经不再是其最大困扰。因为感受到爱和与家人间的紧密感，孩子心里的理解、顺从和责任感将自然而然地产生。从这个意义上讲，与家人在情绪上的互动，也能成为培养孩子良好价值观的基础，进而培养孩子成为有道德观念的个人。孩子们会按照家庭的标准行为处事，因为他们深知，在这个家里，好的行为才是被期待的，而正确地做事就能让他们被整个家族所接纳。

情绪管理训练与其他育儿理论的不同之处在于，它没有提供一大堆花里胡哨、试图控制孩子行为的策略，而是提供了一个包含 5 个步骤的参照准则，让父母在不干涉孩子成长的前提下与孩子保持一种亲密的关系。

这本书的不同之处在于，通过详尽的科学调研，我和同事们有充足的证据向读者证明，父母与孩子间的情绪互动有着举足轻重的重要性。我们现在非常确信，如果父母在养育孩子的过程中进行情绪管理训练，将对他们孩子未来的成功和幸福产生非常积极的影响。

我们的研究着眼于现代社会，让这套针对孩子的情绪管理训练适用于现代父母，这是吉诺特在 20 世纪 60 年代的研究中没有涉及的一点。随着离婚率的逐年攀升和少年犯罪问题的日趋严重，提高孩子的情商已经成为比以往任何时代都更重要的任务。令人惊喜的是，我们的研究会专门为有婚姻困扰的父母提供帮助，教他们如何在婚姻波动期或离婚前后保护孩子免受伤害。我们的研究还证实，不论离婚与否，在情绪上给予孩子支持的父亲都能培养出幸福成长的孩子。

成功育儿的关键并不在于高深复杂的教育理论、详尽周全的家庭规矩或晦涩难懂的行动教条，而在于父母对孩子深深的爱和感情，并通过共情和理解等方式简单地表达出来。成功地养育一个孩子，首先始于父母的内心，接着是每分每秒不间断地和孩子进行情绪上的交流，尤其在他伤心、生气或害怕的时候。成功育儿并不难，以某种特定的方式陪在他们身边才是关键所在。这本书将教父母如何去做。

EQ

目 录

RAISING AN
EMOTIONALLY
INTELLIGENT
CHILD

第一部分

高情商教养基石

孩子关于情绪的认识大都是
从父母身上学会的，
情商对他们来说意味着拥有
克制冲动的能力、
延迟满足感的能力、
激励自己的能力、
读懂他人社交提示的能力
和应对生活中高潮与低谷的能力。

01

情绪管理训练

培养高情商孩子的关键

当黛安娜哄3岁的儿子乔舒亚穿外套的时候，她已经快要迟到了。上班前，她需要先把儿子送到托儿所。在一顿仓促的早餐和一场关于穿哪双鞋的争执后，乔舒亚也很紧张。他并不在乎妈妈1小时后要参加一个会议。乔舒亚告诉妈妈，他只想待在家里玩。当被告知这个想法不可能时，他感到伤心、生气，一屁股坐到地板上，开始放声大哭。

在保姆到来前5分钟，7岁的埃米丽哭着找爸妈，喊着："把我留给一个陌生人照看，这不公平！"爸爸向她解释道："埃米丽，这个保姆是妈妈的一位好朋友。而且，爸妈想看的这场音乐会已经拖了很久。""我还是不想让你们走。"埃米丽哭着说。

14岁的马特告诉妈妈，他刚被学校乐队开除了，因为老师认为有人在校车上吸大麻。“我发誓，那个人不是我。”马特说。但他最近正和一群陌生的男孩混在一起，学习成绩也在下滑。“我不相信你，马特，”妈妈说，“在你成绩回升之前，不准你外出。”马特感到很受伤，也很愤怒。他一言不发，飞奔出门外。

三个家庭，三场冲突，三个不同成长阶段的孩子。这些父母面临一个共同的问题——当孩子情绪变得激动的时候，该如何与孩子交流。和很多父母一样，他们也想公正地对待孩子，尊重孩子，对孩子有耐心。他们知道，这个世界对孩子来说充满挑战，他们想帮助孩子，给孩子以支持和教导，教孩子如何更有效地处理问题，如何建立健康、稳固的人际关系。然而，一心为孩子好的愿望和把这些好的愿望变为现实，两者之间有着极大的区别。

EQ 情商关键词

情商

指人在情绪、情感、意志、耐受挫折等方面的品质。

共情

指体验别人内心世界的能力。

教养子女需要的不仅仅是智商，还涉及人性的另一个维度，而这一维度是过去30年里专家给父母提供的建议中从未涉及的：优秀的教养方式还需要情绪上的指导。

在过去的十几年中，科学研究发现，情绪在人们的生活中扮演着举足轻重的角色。研究者发现，对情绪的感知能力和掌控能力甚至比智商更重要，这些能力决定着一个人在社会各个领域取得的成就和幸福感，也包括家庭生活的幸福。这种能力如今被称为“情商”（emotional quotient）。对父母而言，情商意味着觉察到孩子情绪上的波动，具有共情

（empathy）、抚慰、引导孩子平复情绪的能力。对孩子而言，他们关于情绪的认识大都是从父母身上学会的，情商对他们来说意味着拥有克制冲动的能力、延迟满足感的能力、激励自己的能力、读懂他人社交提示的能力和应对生活中高潮与低谷的能力。

《情商》（*Emotional Intelligence*）一书作者、心理学家丹尼尔·戈尔曼这样写道："家庭生活是我们学习情绪的第一个学校。"戈尔曼在这本著作中用丰富而详尽的科学研究成果，让我们对这一领域的理解达到了前所未有的高度。"在这个鲜活的小世界里，我们学会了如何感知自己的情绪，了解了他人如何回应我们的感受，读出了他人眼中的希望或恐惧，也学会了如何表达自己心中的希望或恐惧。在这个情绪学校里，不但父母对孩子说了什么、做了什么会影响孩子，还通过自身的言行举止来告诉孩子，他们是如何处理情绪的，夫妻之间应该如何相处。一些父母是非常有天分的情绪导师，而一些父母却糟糕透顶。"

怎么做才能成为孩子的情绪导师呢？在过去的20多年里，作为一个研究父母与孩子间亲子互动的心理学家，我一直在思索这个问题。在与伊利诺伊大学、华盛顿大学的研究团队的共同努力下，我们对119个家庭进行了深入的研究，观察父母和孩子在情绪化的时刻是如何回应彼此的。我们对这些孩子进行了追踪研究，从4岁直到他们步入青春期。与此同时，我们对130对新婚夫妇进行了追踪研究，见证了他们从新婚到生养孩子的全部过程。在研究中，我们对这些父母进行了详尽的采访，内容涵盖他们的婚姻、对孩子情绪化时刻如何回应，以及情绪在生活中扮演的角色。在他们与孩子相处，情绪变得紧张时，我们记录了这些孩子对此发生的生理反应。当孩子愤怒或悲伤时，我们细致地观察并分析了父母在情绪上的反应。

几年后，我们对这些家庭进行了回访，了解孩子的整体情况，包括身体健康、学业成就、情绪健康和社交关系。

我们的研究结果给出了一个简单而又令人信服的答案。我们发现大多数父母都可以被归入两大类：**一类是给孩子在情绪上进行指导的父母，另一类是未在情绪上给孩子指导的父母**。我把那些与孩子共享情绪的父母称为“情绪管理训练型父母”（emotion-coaching parents）。他们就像运动教练，教给孩子应对生活中的艰难与坎坷的策略。当孩子表现出愤怒、悲伤或恐惧等情绪时，他们不会抗拒，更不会忽略孩子的感受。相反，他们会把孩子的消极情绪当成生活的一部分，把情绪化的瞬间当成教给孩子生命中重要课程、建立更亲密关系的机会。

EQ情商关键词

情绪管理训练型家长

指与孩子共享情绪，懂得情绪管理的父母。情绪管理指善于掌控自我，善于调节情绪，对生活中矛盾和事件引起的反应，能以积极方式应对，及时缓解紧张的心理状态，包括情绪识别、情绪调控和情绪表达等很多方面。

在研究中，一个5岁女孩珍妮弗的妈妈玛丽亚这样说道：“如果珍妮弗伤心了，这就是一个需要我陪伴她的重要时刻。我会对她说，我想和她谈谈，想知道她的感受。”就像很多情绪管理训练型父母一样，珍妮弗的爸爸丹认为，女儿伤心或生气时，也是最需要自己的时刻。丹表示，给女儿安慰让他感觉自己最像个父亲，而且这种感觉是与女儿相处的其他时刻所没有的。“我需要在她身边，告诉她一切都会好的，她能战胜这个问题，甚至收获更多。”丹这样说道。

对于玛丽亚和丹这样的情绪管理训练型父母，人们往往用“温暖”“积极”来形容他们，事实也的确如此。但反过来，温暖积极的父母却未必懂得传递给儿女情商的真谛。事实上，温暖而体贴的父母往往不能有效处理孩子的消极情绪，这样的情况非常普遍。这些不能教给孩子情商的父母可以分成以下三类：

- **忽视型父母**（dismissing parents）：他们漠视、忽略或轻视孩子的消极情绪。
- **压抑型父母**（disapproving parents）：他们对孩子的消极情绪持批评的态度，经常会因为孩子表现出消极情绪而训斥或惩罚孩子。
- **放任型父母**（laissez-faire parents）：他们包容孩子的情绪，和孩子一起感同身受，但不能提供必要的指导，也不能给孩子的行为划定界限。

为了向你们展示情绪管理训练型父母和以上 3 种父母是如何与孩子交流的，我们现在假设让黛安娜（那位不想去托儿所的小男孩的妈妈）来演绎这 4 个不同的角色。

如果她是忽视型母亲，她可能会告诉儿子他不想去托儿所的想法很可笑，离开家不是什么大不了的事，根本不需要感到难过。她极有可能会试着帮孩子从消极情绪中挣脱出来，如用饼干哄他，或者告诉他老师安排的活动有多有趣。

作为压抑型母亲，黛安娜会因为乔舒亚的不配合而责骂他，告诉儿子自己厌倦了他放肆的行为，并威胁要揍他。

作为放任型母亲，看到乔舒亚伤心、生气，黛安娜会拥抱他，和他一起共享情绪，告诉他想留在家里的想法是完全正常的。但她接下来的做法令人感到失望。她既不想打骂孩子，也不想哄骗孩子，然而，待在家里显然也是个无法接受的选择。到最后，她或许会提议：我陪你玩 10 分钟的游戏，然后你乖乖去托儿所。第二天早晨，同样的事情可能会再度重演。

那么，情绪管理训练型父母会怎么做呢？一开始，她会和放任型父母一样，先对乔舒亚进行共情，让他知道妈妈理解他为什么很难过。但她接着会给乔舒亚提供指导，告诉他如何应对自己的消极情绪。他们之间的对话或许会这样进行：

黛安娜：乔舒亚，赶快把外套穿好。我们该走了。

乔舒亚：不要！我不想去托儿所。

黛安娜：你不想去？为什么呢？

乔舒亚：因为我想和你待在家里。

黛安娜：是这样啊？

乔舒亚：是的，我就想待在家里。

黛安娜：我想我明白你的感受。有好几次，我也想和你待在家里，坐在椅子上一起读书，而不是赶着出门。但你知道吗？我对办公室的同事们承诺过，会在 9 点到公司，我不想违背自己的承诺。

乔舒亚（开始哭了）：但为什么呢？这不公平。我不想去。

黛安娜：过来，乔舒亚（把他抱到自己腿上）。我很抱歉，亲爱的，但我们不能待在家里。我猜你一定感到很失望，是不是？

乔舒亚（点头）：是的。

黛安娜：还有点儿伤心？

乔舒亚：嗯。

黛安娜：我也感到有点儿伤心（她抱着乔舒亚，让他哭了一会儿）。我知道我们该怎么办了。想想明天，我们不需要去上班，不需要去托儿所。我们就能一整天待在一起。明天你想干什么呢？

乔舒亚：吃好吃的煎饼，看动画片。

黛安娜：不错，那一定会很棒。还有别的吗？

乔舒亚：能带我的玩具手推车去公园吗？

黛安娜：我觉得可以。

乔舒亚：凯尔能和我们一起吗？

黛安娜：可能吧。我们得问问他妈妈。但是现在，我们出发吧，好吗？

乔舒亚：好的。

表面上看，情绪管理训练型父母和忽视型父母有相似之处，两类父母都引导乔舒亚想一些除了留在家里以外的事情，但两者之间有着极大的分别。作为情绪管理训练型母亲，黛安娜认同儿子的难过情绪，帮助他为这种情绪贴上标签，允许他体会自己的情绪，在他哭的时候陪在他身边。从始至终，她没有试图把他的注意力从情绪中转移出来。她更没有像压抑型父母那样因为乔舒亚难过而责备他。相反，她让乔舒亚知道，妈妈尊重他的感受，并认为他的愿望是合情合理的。

和放任型父母不同，情绪管理训练型父母懂得为孩子划定行为界限。虽然她花了几分钟时间来照顾乔舒亚的情绪，但同时她让儿子知道，她会因此而迟到，违背对同事们许下的诺言。对此，乔舒亚感到有点儿失望，但这种情绪是他和妈妈都能够应对的。在乔舒亚有机会认识自己的情绪，体会并接受这种情绪后，黛安娜又接着让他知道，他可以从难过的情绪中走出来，明天会更精彩。

这种回应方式，是我们在研究中见证的诸多成功亲子关系的典型。这个过程具有以下 5 个必备的步骤，包括：

- 觉察到孩子的情绪。
- 把情绪化的瞬间当作增进亲密感、对孩子进行指导的好机会。
- 对孩子的情绪感同身受，倾听孩子的心声，认可孩子的情绪。
- 帮助孩子表达情绪，用言语为其情绪贴上标签。
- 划定行为界限，指导孩子解决问题。

情绪管理训练的效果

如果孩子的父母是情绪管理训练型父母，会有什么样的不同呢？在研究中，我们通过观察并详细分析家庭的言语、行为和情绪回应方式，发现了巨大的不同。那些常常对孩子进行情绪管理训练的父母所养育的孩子，比其他孩子有着更健康的身体条件和更优异的学习成绩。这些孩子和朋友相处得更好，更懂得约束自己的行为，更少使用暴力。总而言之，接受情绪管理训练的孩子感受到更少的消极情绪、更多的积极情绪，他们在情绪上更健康。

还有一个令人震惊的发现：**当父母在情绪上给予孩子指导时，孩子的情绪复原能力和适应性也会提高。**在艰难的时刻，接受情绪管理训练的孩子同样会伤心、愤怒或害怕，但他们更懂得安慰自己，从压力中解脱，回归原有的生活。总而言之，他们的情商更高。

事实的确如此。我们的研究表明，情绪管理训练可以保护孩子免受婚姻冲突和离婚带来的危害。如今，婚姻问题正日益成为美国普遍的社会问题，其对孩子造成的危害已经得到社会学家的证实。美国半数以上的婚姻最终以离婚收场，数百万孩子面临着家庭解体带来的困扰。其给孩子带来的问题包括学业落后、被他人排斥、抑郁、出现健康问题和社会不良行为。即使在双亲家庭中，如果父母关系不和，争吵不休，孩子同样会受到上述问题的困扰。我们发现，如果父母经常吵架，他们之间的冲突会直接影响孩子与他人建立友谊的能力。同时，婚姻问题还会影响孩子在学业方面的表现，增加孩子生病的概率。而家庭解体带来的一个重要后果是青少年叛逆、暴力行为的增加。

然而，在我们的研究中，情绪管理训练型父母在面对婚姻不和、分居甚至是离婚等问题时，能给孩子带来完全不同的影响。这些孩子相比于其他在幸福的双亲家庭中成长的孩子，还是略显“悲伤”，但情绪管理训练似乎充当起他们的保护伞，帮助他们免受家庭环境变动带来的伤害。离婚和婚姻矛盾对孩子造成的有害影响已经得到科学证实，但我们在上文中提到的学业落后、攻击性和人际关系等问题，在接受过情绪管理训练的孩子身上并没有体现。这充分表明，情绪管理训练是一种被证实可以保护孩子免受家庭解体创伤的方法。

研究的另一项惊人发现与父亲的角色有关。研究表明，如果父亲以情绪管理训练型的角色介入家庭生活，会对孩子在情绪方面的成长产生极大的积极作用。如果父亲认可孩子的情绪并帮助他们解决问题，孩子在学校的表现会更好，与别人的人际关系也会更和谐。相比之下，一个在感情上远离孩子的父亲——通常表现为严厉、苛刻，并忽略孩子的情绪，将对孩子的成长产生极大的负面影响。孩子在学校的表现往往很差，更容易和伙伴打架，健康状况也很差。（在此，我们强调父亲角色产生的影响，并不意味着母亲在情感方面的参与对孩子的情商毫无作用。妈妈与孩子的互动对孩子的影响也很重要。但我们的研究表明，父亲对孩子的影响往往是很极端的，可以很积极，也可以很负面。）

在美国，28% 的孩子是在单身妈妈的家庭中长大的，这个数字如此惊人，让人不得不对孩子童年生活中父亲角色的缺失问题产生重视。然而，我们不能因此想当然地认为，父亲的角色有总比没有好。事实上，一个在情感上支持孩子的父亲会给孩子带来极大的益处，但一个冷漠、残忍的父亲能给孩子带来巨大的伤害。

尽管我们的研究证实，父母对孩子进行情绪管理训练能帮孩子成长为健康、成功的人，但这种技巧并不能帮助需要接受心理咨询的严重问题家庭走出困境。与许多其他推广教养理论的人不同，我不会向你保证情绪管理训练是一切家庭常规问题的“灵丹妙药”。实施情绪管理训练并不意味着家庭争吵会止息，尖刻的言论会消失，感情不再受伤，悲伤或压力会烟消云散。冲突是家庭生活的一部分。然而，即便如此，一旦开始使用情绪管理训练，你就会感觉到自己和孩子的距离更近了。随着你和家人关系更亲密，更尊重彼此，家庭成员之间的问题看起来似乎也没那么难以承受了。

最后，情绪管理训练并非意味着取消纪律。事实上，当你和孩子在情感上更亲密时，你就能更充分地融入他的生活，进而能更显著地影响他。当需要严肃时，你就是一位严厉的家长。当你看到孩子犯错误、懈怠时，你会对他加以指正，会敢于对孩子的行为划定界限。如果你知道他明明可以做得更好，却让你失望了，你不会害怕直接告诉他你的态度。正因为你和孩子形成了感情联结（human bonding），所以你的话语会显得很重要。他们在乎你的想法，因此不想令你失望。情绪管理训练能帮你指导、激励孩子。

> EQ 情商关键词
>
> **感情联结**
>
> 指人与人之间形成的一种亲近的人际关系。也指人与动物之间建立的联系。

情绪管理训练导师的角色需要投入极大的专注和耐心，但这项工作说起来和其他教练并无二致。如果想让孩子篮球打得出色，你一定不会回避比赛，你会去院子里陪他一起练习。同样，如果想让孩子灵活地处理情绪、应对压力，有良好的人际关系，你不会忽略或拒绝孩子表达的消极情绪；

你会和孩子共享情绪，提供指导。

尽管祖父母、老师和其他成年人也能充当情绪管理训练导师的角色，但在孩子的生活中，父母是这一角色的最佳人选。毕竟，只有父母清楚知道自己想让孩子依照什么样的方式生活。当生活出现挑战时，父母能站在他们身边，支持他们。从婴儿期腹痛到学习上厕所，从兄妹打架到被舞会搭档放鸽子，孩子都在等着父母给他指引。所以，父母最好现在就带上情绪管理训练导师的帽子，带领孩子打一场漂亮的比赛。

严峻的现状

毫无疑问，今天的美国父母面临着前所未有的挑战。在 20 世纪 60 年代，父母可能会担心孩子在毕业晚会上喝酒，今天的父母却每天都在担心上中学的孩子是否接触了毒品。过去，父母担心自己十几岁的女儿可能会怀孕，如今，从五年级开始，父母就要教给孩子关于艾滋病的知识了。几十年前，只有在局势紧张的市区，才会发生青少年匪帮因争夺地盘而进行的群殴，并且往往以拳击或少见的刺伤宣告收场。而今，在中学校园所在的社区，也出现了青少年匪帮活动的影子。而随着毒品交易的泛滥和枪支的使用，群体斗殴通常伴随致命的枪击事件。

今天，父母需要做的已远远不止为孩子提供基本的营养、良好的教育、正确的道德价值观。现在的家庭还要为孩子生存的安全问题担忧。在青少年群体暴力犯罪事件频发的年代，我们如何保护自己的孩子免受伤害？如何说服孩子推迟性行为，直到足够成熟，能够为自己的行为负责任？如何才能让他们有足够的自我防范意识，抵制毒品和酒精的危害？

在过去数年里，社会学家已经证实，孩子表现出的反社会及犯罪行为，根源于他们的家庭成长环境，如婚姻矛盾、离婚、父亲情感支持的缺失、家庭暴力、不良的教育方式、忽视、虐待、贫困等。那么，针对这些问题，解决方案无疑是建立更好的婚姻，保证父母有足够的经济支持和社会支持来养育他们的子女。然而，现在的问题是，我们的社会似乎正朝着相反的方向发展。

很多离婚家庭的孩子都无法从父亲那里得到充足的经济支持和情绪支持。一项针对单亲家庭孩子所做的调查显示，在父母离婚后的前两年里，大部分孩子在一年以上的时间里见不到父亲。再婚家庭也有其自身的问题。再婚家庭的离婚率相对于初婚家庭来说要更高。尽管研究表明继父也能带来更稳定的收入，但这种关系同时给孩子带来了更多的压力、误解和悲伤。在再婚家庭中，虐童事件相比于普通家庭更加频发。加拿大一项研究表明，与继父母一起生活的孩子相比于与亲生父母一起生活的孩子，受到家庭暴力和性虐待的概率更大。

承受情感痛苦的孩子不会把自己的问题留在校舍里。在过去的10年里，根据全美范围内的学校提供的报告，因学生行为问题导致的恶性事件数正以惊人的速度上升。在公众的呼吁下，公立学校开始为缺乏家庭情感支持的孩子提供越来越多的社会服务。这些学校在本质上已经成了因父母离婚、家庭贫困和缺乏照看而受到伤害的孩子的情绪缓冲区。学校这样做的结果是，为孩子提供基本教育的资源越来越少，这种趋势直观体现在孩子直线下滑的学习成绩上。

与此同时，在过去的几十年里，经济形势的变化和就业压力的增加给很多家庭带来了很大的压力。工资收入的支付能力急剧缩水，很多家庭需要 2 份工作才能从容生活，越来越多的妇女加入工作队伍中。对很多夫妻而言，丈夫失去了自己作为唯一财政来源的地位，这无形中给夫妻关系增加了压力。此外，雇主要求员工投入更多的时间去工作。哈佛大学经济学教授朱丽叶·斯格尔（Juliet Schor）表示，现阶段，每个典型的美国家庭比 25 年前的家庭每年要多工作 1000 多小时。我们的调查显示，相比于 20 世纪 70 年代，现在的美国人少了 1/3 的空闲时间，导致人们在一些日常生活项目中花的时间越来越少，包括睡觉、吃饭、陪孩子玩耍等。从 1960 年到 1986 年，父母和孩子相处的有效时间每周少了 10 多小时。就这样，“缺时间”的美国人减少了那些支撑家庭运转的社区活动。随着社会的可移动性越来越强，很多家庭出于经济的原因，从一座城市迁移到另一座城市，越来越多的家庭在生活中少了亲属和老朋友的人际支持。

对于孩子的身心健康，所有这些社会变化带来的是同一个效果——风险。与此同时，帮助家庭保护孩子的支持系统正变得越来越脆弱。

然而，就像本书指出的那样，父母们还不至于感到无助。在研究中，我逐渐明白，让孩子远离危险的关键所在，是与孩子建立更牢固的感情联结，帮助他们提高情商的水平。越来越多的证据表明，感受到父母的爱和支持的孩子，受到青少年暴力、反社会行为、吸毒、青少年性行为、青春期自杀和其他社会疾病威胁的概率更低。研究显示，在家庭中受到尊重、被重视的孩子，在学校的表现更好，有更多的朋友，生活更健康，更加有成就。

现在，随着对家庭情感关系动力学更多、更深入的研究，我们渐渐明白情绪管理训练是如何保护孩子免受这些风险的危害的。

情绪管理训练：革新性的飞跃

作为研究家庭情感生活的一部分，我们也询问父母对自己学龄前孩子的消极情绪做何反应。和很多父亲一样，迈克告诉我们，他发现当4岁的女儿贝姬生气时，她的样子很好笑。“她说：‘天哪，该死！’然后像小大人一样走开了，”迈克说，“这真的很好玩！”

确实如此，从某种程度上讲，这样一个小女孩，表达那样一种严重的情绪，在很多人眼里都很好玩。但是，请想象一下，如果妻子生气时，迈克也用同样的态度来回应，结果会如何？或者，如果迈克生气时，他的老板以这样的方式回应他，会怎样？在迈克看来，这恐怕一点儿都不好玩。然而，很多大人都觉得，在一个生气的孩子面前发笑并没什么问题。很多好心的父母就是这样无意间忽视了孩子的恐惧或悲伤等情绪，就好像自己根本不在乎孩子的想法一样。“那没什么好怕的。”当5岁的孩子从噩梦中哭醒，我们通常对他们这样说，或者说：“你肯定不知道我遇上过什么。”在这种情形下，孩子便会接受大人对事情的评价，进而否定自己的判断。如果大人持续否定他们的感受，孩子就会逐渐失去自信。

这么说来，我们似乎继承了一种忽视孩子情绪的传统，总觉得孩子太小，不理智，没经验，不如身边的大人成熟。要想严肃地对待孩子的情绪，大人需要具有同理心，掌握倾听的技巧，并能站在孩子的视角看待问题。这还需要父母有一种不以自我为中心的态度。行为心理学家观察发现，一个学龄前孩子每20秒就需要一次父母或看护人的关注。在理想情况下，父母能愉快地面对孩子，但当他们紧张或有烦心事的时候，孩子不间断的，有时甚至是无理的要求，会让家长发狂。

这样的情形已经持续了几百年。尽管我相信每对父母都爱孩子，但一个不幸的事实是，历史证据显示，我们的祖辈们并未真正认识到和孩子相处时需要耐心、克制和友善。心理医生劳埃德·德莫斯（Lloyd deMause）在1974年的学术论文《儿童期的演进》（*The Evolution of Childhood*）中，描绘了在过去很多年里，西方世界的孩子们承受着残酷和忽视的可怕画面。但他的研究同时指出，从19世纪到20世纪初期，孩子们在这方面承受的苦难减轻了许多。每一代人都比上一代人更懂得满足孩子们在生理上、心理上和情感上的需求。正如德莫斯描述的那样，养育孩子的过程从“与孩子意志上的较量”过渡到了“训练、指导孩子采用更恰当的行为方式，教他们遵从社会默认的秩序，适应社会需求”。

在20世纪初，西格蒙德·弗洛伊德（Sigmund Freud）大力宣扬孩子是被性欲驱使、具有攻击性的个体。在20世纪后期，观察研究者证明，事实并非如此。例如，20世纪30年代，社会心理学家洛伊丝·墨菲（Lois Murphy）对幼儿和学龄前的孩子进行了大量的观察、实验，结果表明，幼小孩子的天性是无私的，对他人有同理心，尤其在看到别的孩子难受的时候。

随着对孩子良好天性的认可，我们的社会从中世纪的教养方式过渡到了一个新的教养模式，这种模式被德莫斯称为“帮助模式”（the helping mode）。在这个时期，许多父母放弃了自己从小经历的严厉、专制型的教养方式，转而相信自己的角色是帮助孩子根据自身的兴趣、需求和愿望成长。为了做到这一点，许多父母采用一种被黛安娜·鲍姆林德（Diana Baumrind）称

> EQ 情商关键词
>
> **帮助模式**
>
> 是一种家长相信自己的角色是帮助孩子根据自身的兴趣、需求和愿望成长的教养模式。

为“权威型”（authoritative）的教育方式。权威型父母和专制型（authoritarian）父母有很大的不同：专制型父母典型的表现是强加给孩子很多规矩，不给孩子太多的解释，要求孩子完全服从；权威型父母也会给孩子划定行为界限，但是他们更加灵活，更愿意耐心地向孩子解释，并给他们温暖。鲍姆林德认为还有另外一种教育方式——纵容型（permissive）。纵容型父母给孩子以温暖，很善于和孩子沟通，但很少为孩子的行为划定界限。鲍姆林德在 20 世纪 70 年代对学龄前孩子所做的调查中发现，专制型父母养育的孩子通常好斗、易怒，而纵容型父母养育的孩子易冲动，攻击性强，独立性差，成就较低。相比之下，权威型父母养育的孩子乐于与他人合作，自立自强，有活力，更友好，更有进取心。

在过去 25 年里，人们对儿童心理学和家庭社会行为的认识有了显著的提高，这在根本上推动了教育方式从专制型向另一种互动性更强的教养方式转变。比如，社会科学家发现，刚出生的宝宝就已经能很好地读懂父母的社会提示和情感提示。我们现在知道，如果看护者能敏锐地回应宝宝的提示，如用眼睛和他交流，用“儿语”和他对话，当他过度兴奋的时候让他休息，这些宝宝就能更早地学会调节情绪。当需要兴奋时，这些宝宝会表现得很激动，但是之后也能很快恢复平静。

研究同时显示，如果宝宝的看护者忽视这些提示，比如情感抑郁的妈妈不愿意和宝宝说话，或者一位紧张的爸爸和宝宝一起玩的时间太长、强度太

> **EQ 情商关键词**
>
> **自我调控能力**
>
> 是自我意识的重要成分，是个人对自身的心理和行为的主动掌握，是在没有外界监督的情况下，适当地调节、控制自己的行为，抑制冲动，抵制诱惑，延迟满足，坚持不懈地保证目标实现的一种综合能力。

大，宝宝将无法掌握调节情绪的窍门。第一个宝宝将不知道嘟囔着发出声音能吸引人的注意，而只会选择安静、被动，不能主动融入社会。而另一个宝宝因为长时间处于兴奋状态，将没有机会知道吮手指或者摩挲毯子是帮他平静下来的好方式。随着孩子渐渐长大，学会恢复平静和集中注意力显得尤为重要。一方面，这些技巧帮孩子领会父母、看护人或周围其他人的社会提示。学着保持平静，有助于孩子在学习时集中注意力，关注于自己要掌握的具体技能。另一方面，随着渐渐长大，掌握这些技巧的孩子将更善于与别的小朋友分享玩具，玩装扮游戏，或者通过其他方式与伙伴们相处。最后，这种被称为自我调控能力（self-regulation）的技能，将在孩子进入新的游戏圈、结交新朋友或者被朋友排拒时显现出巨大的作用。

在过去的二三十年里，人们渐渐意识到，父母对孩子的回应程度和孩子的情商有着直接的关系。市面上有很多书都在告诉人们：对身体病弱的初生婴儿来说，父母的温情和呵护是多么重要。随着孩子长大，父母要为孩子确立行之有效的纪律；更多地夸赞孩子，而非批评孩子；更多地去奖励，而非惩罚；多去鼓励孩子，而非打击孩子。感谢这些理论，让我们挥别了过去“不打不成器”的旧思想。我们现在知道，友善、温情、肯定和耐心，远比棍棒更能培养出情绪健康、行为良好的孩子。

我相信，在这场变革中，我们还能走得更远。通过家庭心理学实验室的研究，我们现在已经可以观察到并量化出良好的情绪沟通为亲子关系带来的益处。我们开始理解，父母与初生婴儿的互动能影响孩子神经系统的发育，并对孩子一生的情绪健康产生关键作用；我们也明白，良好的夫妻关系，对孩子的幸福感有很大的影响；我们还发现，如果父亲能和孩子共享情绪，将帮助孩子释放更大的潜能；最后，我们还证实，父母对自己情绪的感知能力，是能否提高孩子情商的核心。在这些研究的基础上，我们的情绪管理训练项目（将在第 3 章进行详细说明）诞生了，它将成为我们提倡的教养方式的蓝图。

今天，很多育儿著作似乎都避开了孩子情商这一维度，但也有例外。在这里，我要肯定一位有影响力的心理学家、教育家和作家对这一领域所做的贡献。他就是海姆·吉诺特，他对我们理解家庭的情绪世界做出了极大的贡献。在 20 世纪 60 年代，吉诺特写了 3 本畅销书，其中一本就是《孩子，把你的手给我》（*Between Parent and Child*）。1973 年，吉诺特因身患癌症而逝世。

在吉诺特生活的年代，“情绪”和“智商”还是两个独立的词汇，尚未融合在一起（“情商”）。吉诺特相信，父母最重要的职责是倾听孩子，不只听懂他们的话语，更要听懂孩子话语背后的情绪。他还强调，情绪上的交流，可以成为父母教育孩子价值观的好机会。

但吉诺特告诉我们，做到这一点需要一个前提：父母充分尊重孩子的情感。他们必须学着与孩子共情，也就是感受孩子正在感受的。父母与孩子之间的良好沟通，离不开对彼此的尊重。理解的话语，应该比提供建议的话语更重要。吉诺特表示，父母不能告诉孩子应该怎么想，否则会让孩子不信任自己的感觉。他说，孩子的情绪不会因为父母说了句“别那样想”就会消失，也不会因为父母告诉他们你的情绪是没道理的就消失不见。吉诺特还相信，尽管并不是所有行为都可以被接受，但孩子的感受和愿望是完全可以被接受的。因此，父母应该对孩子的行为划定界限，而对其情绪和愿望则全部包容。

和很多传授育儿智慧的教育家不同，吉诺特不反对父母对孩子发怒。事实上，他相信，父母应该诚实地表达自己的愤怒，只要不攻击孩子的人格，并且针对的是具体的事。吉诺特相信，如果用理智的方式表达愤怒，它一样可以成为一种辅助纪律有效执行的好帮手。

吉诺特强调对孩子进行情绪沟通的重要性，这给很多人带来了极大的影响，其中包括阿黛尔·法伯（Adele Faber）和伊莱恩·玛兹丽施（Elaine Mazlish）。作为吉诺特的学生，她们在吉诺特研究成果的基础上，写了几本重要而实用的著作，包括《解放父母，解放孩子》（*Liberated Parents, Liberated Children*）、《如何说，孩子才能和平相处》（*Siblings Without Rivalry*）、《如何说孩子才会听，怎么听孩子才肯说》（*How to Talk so Kids Will Listen and Listen so Kids Will Talk*）、《如何说，孩子才肯学》（*How to Talk so Kids Can Learn*）。

吉诺特所做出的贡献是巨大的，但他的理论却缺乏经验实践和科学方法的支持。在这里，我要高兴地告诉大家，在研究团队的帮助下，我将为大家提供历史上第一个可量化的证据，向大家证明吉诺特的观点是完全正确的。共情不仅很重要，还是有效教养方式的前提和基础。

情绪管理训练的发现

我们的研究是从1986年开始的，研究对象是56对来自伊利诺伊州尚佩恩市的夫妻，他们当时都有一个4到5岁的孩子。我们的研究成员花了14小时来研究每个家庭，做问卷调查，对他们进行采访，观察他们的行为。关于每对夫妻的婚姻状况、孩子的伙伴关系和一家人对待情绪的观念，我们搜集了丰富的、有深度的信息。

研究中有一项录音环节，夫妻会说出自己有关消极情绪的体验，关于表达情绪他们的态度如何，以及他们对孩子的愤怒和悲伤等情绪的感受如何。这些采访成果后来被用于分析父母的情绪感知能力、情绪调控能力和发现并指导孩子应对消极情绪的能力。我们需要判断，当孩子表达情绪时，这些父母是否尊重孩子的感受；当孩子伤心时，父母是如何与孩子交流的。他们教给孩子表达情绪的方法了吗？他们教给孩子安慰自己、平复心情的技巧了吗？

为了搜集关于孩子社会竞争力的资料，在孩子和其最好的朋友在家中相处的30分钟里，我们对其进行录音。在这个过程中，研究人员通过孩子消极情绪出现的频率以及孩子玩耍的质量来分析孩子与伙伴的互动关系。

在另一项持续3小时的录音采访中，每对夫妻回答有关自己恋爱史和婚姻的开放性问题。例如：他们是如何认识的？他们约会时的情形是怎样的？他们怎么决定结婚的？在过去几年里，他们的婚姻生活发生了什么样的变化？在这个过程中，我们鼓励他们说出自己的婚姻价值观，以及如何做才能让婚姻更和谐。最后，我们用几个重要的指标来分析这些录音带，包括夫妻口中对另一方的喜爱和反感程度，他们谈了多少次“我们”和多少次“我”“他”，他们是如何看待两人一起经历的矛盾和冲突的。

这些采访和观察对我们理解家庭状况极为重要，然而，我们研究的最独特之处，是搜集参与者对情绪的自主反应的数据。我们的目标是测量出参与者的自主神经系统（autonomic nervous system）对情绪所做出的反应。例如，我们要求每个家庭提供孩子 24 小时内的尿液标本。这些标本将被分析，以检测压力激素的含量。除此之外，通过实验室中很多别的自主神经系统检测方法，我们得以测量参与者的心率、呼吸频率、血流量、肌肉活动量和双手的出汗量。

> EQ 情商关键词
>
> **自主神经系统**
>
> 包括交感神经和副交感神经两个系统，受大脑的支配，但有较强的独立性，特别是具有不受意志支配的自主活动。

这种研究方式让我们不用完全依赖于问卷调查、采访和观察等手段。通过这种对生理过程的监测，我们收集了更多的客观数据。显然，当被问到“你经常严厉地批评孩子吗”时，我们很难保证每对父母都能诚实回答这个问题。尽管社会科学家通常使用“微型相机”的方式来观察研究对象，如单向透视玻璃，但你很难判断这个人的行为有多大程度源于真实的情感。相对而言，监测一个人对压力的自主反应则要容易得多：我们把听诊器样式的电极贴在被试胸前，便能监测其心率；通过对汗水中电解质的分析，电极就能测试出被试双手的出汗量。

人们普遍认为，这些科技手段非常可靠。事实上，执法人员惯于使用这些手段进行谎言测试。当然，他们可以胁迫测试对象老实地坐在那里。而对付一帮四五岁的孩子，则需要更巧妙的方法。所以，我们给孩子建了一座太空舱装置，供他们在一项极为重要的实验中体验。孩子们穿上太空服，钻到这个奇妙的装置里面。在这里，他们身上将被贴上很多不同的电极。在一些激发他们释放情绪的活动中，这些电极将帮助我们对其生理反应进行测试，比如，我们给他们播放了电影《绿野仙踪》中有关飞猴的片段。我们还邀请他们的父母站在近旁，教他们玩一个新的电子游戏。有了这样配合、顺从的研究对象，我们才得以对这些实验环节进行录像，进而系统性地观察并分析每位家庭成员的语言、行为和面部表情，如使用的词汇、说话的语调和身体的姿势。

借助于同类型的检测设备（不包括太空舱主题），我们对这些孩子的父母进行了另外一个环节的测试——当每对夫妻就金钱、信仰、姻亲和养育孩子等冲突性很强的问题展开讨论时，记录他们在生理上和行为上的反应。针对夫妻间的互动，我们解析了他们积极的表达方式（幽默、喜爱、认同、兴趣、喜悦）和消极的表达方式（生气、反感、谴责、悲伤、抵制）。

为了判断不同的教养方式对孩子造成的长期影响，3 年后，我们重新访问了参加 1986 年研究项目的家庭。我们只能联系并拜访到其中 95% 的家庭，这时，他们的孩子已经七八岁了。这一次，我们再度用录像的方式记录了这些孩子和好朋友玩耍时的情景。我们请这些孩子的老师们参加了问卷调查，回答诸如孩子在校园里表现出的攻击性、退缩意愿和社会竞争力等问题。此外，这些孩子的老师和父母分别填写了关于孩子学业表现和行为的问卷。每位母亲还需要回答关于孩子健康状况的问题，并汇报孩子一周内表达消极情绪的次数。

同时，我们也收集了这些父母婚姻状况的相关数据。通过电话采访，这些夫妻告诉我们，在过去的3年里，他们有没有分居或离婚，或者有没有严肃地考虑过离婚。我们还对这些夫妻双方分别做了问卷调查，询问当下他们各自对婚姻的满意度。

我们的后续研究表明，接受过情绪管理训练的孩子有着更好的学业表现、社会竞争力和幸福感。这甚至间接影响到孩子的智商，他们的数学和阅读能力都更出色，和朋友相处得更好，有着更强的社会技能。根据他们母亲的描述，他们表达消极情绪的次数较少，表达积极情绪的次数较多。另外有证据证明，接受过情绪管理训练的孩子在生活中感受到的压力较少，他们尿液中检测到的压力激素水平更低，他们的静息心率水平更低。此外，根据孩子母亲的描述，他们患传染病，如流感的概率更低。

情绪管理训练和自我调整

这些接受情绪管理训练、高情商的七八岁孩子身上所表现出的这些优点，都源于一种我们通常称为“高迷走神经张力”（high vagal tone）的特质。这个概念来自迷走神经，这是一组发端于大脑的神经，负责为人体上半身的功能如心脏搏动、呼吸和消化提供驱动力。自主神经分为两大分支：交感神经和副交感神经。副交感神经的大部分功能都是由迷走神经负责的。在情绪紧张的情况下，交感神经会让一个人的心跳、呼吸的速度加快；而副交感神经则充当调节器的角色，及时为这些无法控制的身体情况“踩刹车”，让身体不至于因为运转太快而失控。

我们通常用“迷走神经张力”来形容一个人调节自主神经系统中不为意识所控制的生理过程的能力。正如拥有良好肌肉伸缩性的孩子在体育方面很出色一样，拥有高迷走神经张力的孩子对紧张情绪的回应速度和复原能力都很强。对他们来说，在应对紧急或兴奋事件时，他们的心跳速度会在短时间内加快，但一旦紧急事件宣告结束，他们的身体就能够很快恢复至正常状态。这些孩子更善于安慰自己，集中注意力，在关键时刻克制住自己的行为。

EQ 情商关键词

高迷走神经张力

迷走神经是一组发端于大脑的神经，负责为人体上半身的功能如心脏搏动、呼吸和消化提供驱动力。迷走神经张力是用来形容个人调节自主神经系统中不为意识所控制的生理过程的一种能力。

例如，在进行消防演习时，一年级小学生中拥有高迷走神经张力的孩子将可以轻松应对。当演习开始时，他们能放下手中一切，从教室内有序、快捷地疏散。一旦消防演习结束，他们能在短时间内平静下来，把注意力集中到正在进行的数学课上。相比之下，那些迷走神经张力较低的孩子，在演习进行中可能会感到困惑（“什么？现在离开？现在还没到下课时间呢”)。当活动结束回到教室时，他们需要花好一阵子才能从刚才的兴奋感中平静下来，重返学习状态。

在电子游戏这项实验中，接受过情绪管理训练的孩子展示出一种与众不同的特质——源自对自主神经的良好调整力。与其他孩子相比，他们对压力有着更强的反应力和更快的复原能力。值得一提的是，对孩子来说，导致压力的事件往往和父母的批评和嘲笑有关，而这种现象，在情绪管理训练型家庭中是很少出现的。或许正因为如此，他们对压力的反应才如此强烈。尽管他们比其他孩子对压力的反应更强烈，但他们从压力中恢复的速度相当快。

对压力做出回应、快速复原，这种能力在孩子的童年时期以至未来一生中都极其重要。作为情商的一部分，这种能力将帮助孩子集中注意力，专注于学习功课。这种能力给孩子带来良好的情绪反应力和自我控制力，而这些正是与其他孩子交往、建立并维持良好的友谊所必需的。这些拥有高迷走神经张力的孩子能很快占据有利位置，及时察觉其他孩子的情绪提示并做出回应。在激烈冲突发生时，他们也更懂得控制自己，以防做出负面的回应。

在我们所做的一项30分钟游戏环节的研究中，这些品质得到了充分的表现。在记录的一个片段中，一个4岁的男孩和一个4岁的女孩发生了争执。男孩想玩“超人”游戏，而女孩想玩“过家家”游戏。在叫嚷了几次自己的意愿后，男孩平静下来，提出了一个折中的建议：假装是在超人的家中玩“过家家”游戏。女孩也认为这是一个很棒的主意。接下来，两个孩子尝试了这个创意游戏，开心地玩了半个小时。

在两个 4 岁的孩子之间，做出这样一个创造性的妥协，需要很复杂的社会技巧，包括倾听彼此需求的能力、站在对方立场感同身受的能力，以及一起解决问题的能力。然而，孩子从情绪管理训练中学到的社会技能还远不止这些；他们在情商方面的优势，将在 8 岁到 12 岁的少年期得到更充分的体现。在这个时期，孩子的同伴接纳程度，往往取决于他洒脱的个性和在情绪上保持沉着的能力。心理学家认为，孩子到了这个年龄段都应该学着表达自己的感情，就像接受情绪管理训练的孩子和父母之间的互动一样。然而，对他们而言，更重要的是察觉并提取他人社会提示的能力，可以无须克服太多困难就能配合他人，并做出回应。我们发现，在幼儿时期接受过情绪管理训练的孩子，日后的确养成了这些社会技巧，并帮助他们被同伴接纳，建立友谊。

孩子的情商在某种程度上取决于性情——一种与生俱来的性格品质，但也可以通过与父母的互动被后天塑造。父母对孩子的影响从孩子在襁褓里的时候就已经开始了，那时孩子的神经系统还不成熟，正在形成、发展。在副交感神经仍处于发展阶段时，婴儿体会到的情绪经验，对他们迷走神经张力的提升起着重要作用，进而能在日后影响他们的情绪幸福感。

因此，父母掌握着影响孩子情商的重要机会；从婴儿时期开始，父母就可以教孩子进行自我安慰。就算是无助的婴儿，当他们不舒服时，通过父母的回应，他们也可以理解情绪是可以找到出口的，知道情绪可以从紧张、愤怒、害怕过渡到舒服、平静的状态。相比之下，那些情绪上被忽略的孩子则没有机会学到这些。当他们因为害怕、悲伤、愤怒而大哭时，他们经历到的是更多的害怕、伤心和愤怒。这可能产生的结果是，他们变得很被动，在大多数时间里很不爱表达。因为没有人在他们紧张时给他们抚慰，所以他们不懂得如何安慰自己。在他们的体验里，消极情绪就像一个充斥着焦虑和恐惧的无底黑洞。

有时，你会惊喜地发现，接受过情绪指导的孩子会逐渐把大人安抚自己的技巧接收吸纳，为自己所用；或许你在孩子玩耍时就已经见识过了。和自己的伙伴或玩具娃娃、动漫玩偶玩耍时，孩子会幻想其中一个角色感到很害怕，而另外一个角色会给它安慰、支持，做它的英雄。这种角色扮演游戏，能帮助孩子积累有用的经验；独自失落时，他们可以借助这些经验，摸索自己调整情绪、恢复平静的模式，并在实践中体会这一过程，让他们能以一种高情商的方式与他人交流。

对父母而言，培养高情商的孩子要做的第一步就是了解自己处理情绪的方式，明白这一方式是如何影响孩子的。这正是第 2 章要讲的内容。

高情商教养要点 EQ

- 行为心理学家观察发现，一个学龄前孩子每 20 秒就需要一次父母或其他看护人的关注。
- 友善、温情、肯定和耐心，远比棍棒更能培养出情绪健康、行为良好的孩子。
- 父母应该对孩子的行为划定界限，而对孩子的情绪和愿望则全部包容。
- 情绪管理训练型父母把孩子的消极情绪当成生活的一部分，把情绪化的瞬间当成教给孩子生命中重要课程、建立更亲密关系的机会。

- 如果父亲认可孩子的情绪并帮助他们解决问题，孩子在学校的表现会更好，与别人的人际关系也会更和谐。

02

评估你的教养方式

4 种截然不同的教养方式

情绪管理训练的概念其实很简单，它基于人们的常识理解，根植于父母对孩子深深的爱和同理心。然而，情绪管理训练不会单单因为父母爱孩子就会理所当然地来到他们的身边。即使父母有意识地想给予孩子温暖、积极的支持，情绪管理训练也不会自然而然地在他们身上发生。相反，情绪管理训练是一门艺术，它需要情绪感知、倾听和解决问题等一系列行为。这些行为，源自我们对一些良好运转的家庭的观察和分析，而这些家庭因为有着健康、和谐的环境而堪称高情商家庭。

当然，几乎所有的爸爸妈妈都能成为情绪管理训练型父母，但同时也要明白，许多父母在成为情绪管理训练型父母以前，首先需要克服一些障碍。这些障碍中有一部分源自父母自身的成长经历，和儿时父母对待自己情绪的处理方式。还有一些父母，缺乏倾听孩子心声的技巧。不论这些障碍源于何种原因，都无一例外会阻碍家长成为坚强、有责任心的父母。

和很多成长的道路一样，要想成为更好的父母，家长必须首先对自己进行审视。我们在家庭实验室中的研究或许能帮你完成这一步。显然，我们不能给每个家庭提供与我们研究对象同样详细、深入的分析。不过，我们可以提供下面的自我测试，帮你评估自己教养孩子的方式。测试结束后，你将看到我们总结出来的 4 种截然不同的教养方式，以及对每种教养方式的详细描述。你也将读到，在我们的研究中，不同的教养方式是如何对孩子产生影响的。

测试 The Heart of Parenting

◆ **你是哪种类型的父母?**

在这份自我测试中，我们会问一些问题，包括你对悲伤、恐惧和愤怒等情绪的感受，也包括你对孩子产生这些情绪时的反应。请针对每一项选出最贴近你真实感受的选项。“T” 表示正确，“F” 表示错误。如果你对答案不确定，请选择最接近的答案。这项测试要求你回答很多问题，但请坚持做完。只有测试的题型足够丰富，才能涵盖各种教养方式的不同侧面。

问题	T	F
1. 对孩子来说，真的没什么好伤心的。		
2. 在我看来，愤怒只要是在可控范围内的，就是正常的。		
3. 孩子有时表现得很伤心，是因为他们想让大人为他们感到内疚。		

4. 当孩子生气时，他需要静一静。

5. 当孩子表现得难过时，他的样子真像在耍赖。

6. 当孩子难过时，我需要为他解决问题，让他的世界恢复完整。

7. 在生活中，我真的没太多时间去伤心。

8. 愤怒是一种危险的状态。

9. 如果你忽略孩子的悲伤，它就会自动消失，并自然愈合。

10. 愤怒，往往意味着挑衅。

11. 孩子表现得很难过，是为了让事情按照他们期待的那样进展。

12. 在我看来，只要加以控制，悲伤是可以被接受的。

13. 悲伤是一种需要释怀、驾驭的情绪，而不是供你栖息的港湾。

14. 我不介意处理孩子的悲伤之情，只要别占用太长时间。

15. 如果要在一个情绪化的孩子和一个无忧无虑的孩子之间做选择的话，我会选择后者。

16. 当我的孩子难过时，解决问题的时间就到了。

17. 我会帮孩子快速摆脱悲伤，让他把注意力转移到好的事物上。

18. 当孩子悲伤时，我没觉得这是教导孩子的好时机。

19. 我相信，当孩子伤心时，说明他们把生活中负面的事物想得太严重化了。

20. 当孩子生气时，他的样子真像个被惯坏的孩子。

21. 对于孩子的愤怒，我会给他划定行为界限。

22. 当孩子表现得难过时，他是在吸引大人的注意。

23. 孩子的愤怒是有原因的，值得我们去寻根问底。

24. 孩子的愤怒，绝大程度上源于他对生活缺乏了解和他的不成熟。

25. 我会试着把孩子生气的感觉转变为快乐的感觉。

26. 每个人都应该把自己感受到的愤怒表达出来。

27. 当孩子难过时，拉近我们之间距离的机会到了。

28. 对孩子来说，真的没有什么事情值得他们生气。

29. 当孩子难过时，我会试着帮他弄明白究竟是什么让他难过。

30. 当孩子难过时，我会让他知道，我理解他。

31. 我希望自己的孩子经历悲伤。

32. 弄明白孩子为什么难过，这很重要。

33. 童年应该是无忧无虑的，而不应该在悲伤或愤怒中度过。

34. 当孩子难过时，我会和他一起坐下来，聊聊他的感受。

35. 当孩子难过时，我会帮他弄明白，为什么会有这种情绪。

36. 当孩子生气时，我认为这是一个增进彼此亲密度的好机会。

37. 当孩子生气时，我会花一些时间，试着体会他的感受。

38. 我想让孩子体验愤怒。

39. 我认为，适当地体验愤怒，对孩子来说很有好处。

40. 发现孩子生气背后的原因，这很重要。

41. 当孩子难过时，我会警告他别养成那样的坏性格。

42. 当孩子难过时，我会很担心他日后会形成消极的性格。

43. 关于悲伤，我没什么好教给孩子的。

44. 如果说，关于悲伤，我有什么要教给孩子的话，那就是：你完全可以把它表达出来。

45. 关于悲伤，我不觉得我能做什么来改变它。

46. 对于一个伤心的孩子，除了给他安慰以外，实在没有什么别的可以做的了。

47. 当孩子难过时，我会告诉他，我永远爱他。

48. 当孩子难过时，我不太清楚他想让我做什么。

49. 关于愤怒，我不会试图教给孩子什么。

50. 如果说，关于愤怒，我有什么好教给孩子的话，那就是：你完全可以把它表达出来。

51. 当孩子愤怒时，我会试着理解他的心情。

52. 当孩子生气时，我会告诉他，不论在任何情况下，我都爱他。

53. 当孩子生气时，我不太清楚他想让我做什么。

54. 孩子脾气很差，对此我很担心。

55. 在我看来，孩子表达愤怒是不对的。

56. 愤怒的人，都是失控的人。

57. 当孩子表达愤怒时，会演变成乱发脾气。

58. 孩子愤怒，是为了让自己的意愿得到满足。

59. 当孩子愤怒时，我很担心他会做出什么破坏性的事情。

60. 如果允许孩子发脾气，他们就会觉得自己可以想怎么来就怎么来。

61. 愤怒的孩子，是不会被人尊重的。

62. 当孩子愤怒时，他们的样子很有趣。

63. 愤怒总能影响我的判断，让我做出后悔的事情。

64. 当孩子愤怒时，我出面解决问题的时间到了。

65. 当孩子愤怒时，我就该打他的屁股了。

66. 当孩子愤怒时，我的目标是让他安静下来。

67. 对于孩子的愤怒，我觉得没什么大不了的。

68. 当孩子愤怒时，我常常不太把这当回事。

69. 当我愤怒时，我感觉自己快要爆炸了。

70. 愤怒，不会带来任何好处。

71. 当孩子表达愤怒时，他们会很兴奋。

72. 孩子的愤怒情绪值得被重视。

73. 孩子有表达愤怒的权利。

74. 当孩子生气时，我会弄清楚他为什么生气。

75. 帮助孩子找出令他愤怒的原因，这很重要。

76. 当孩子对我发怒时，我心里想:“我不想听这些。”

77. 当孩子愤怒时，我在想:“要是他懂得忍耐就好了。”

78. 当孩子愤怒时，我在想:“他为什么不懂得接受现实呢？”

79. 我希望孩子能够表达愤怒，说出自己的想法。

80. 对于孩子的悲伤情绪，我不太当回事。

81. 当孩子愤怒时，我希望了解他的想法。

◆ 如何解读你的分数

忽视型：

在以下题目中，计算出你回答 T（正确）的次数。

题目编号：1，2，6，7，9，12，13，14，15，17，18，19，24，25，28，33，43，62，66，67，68，76，77，78，80

然后把得出的数字除以 25，最后得到的数字便是你忽视型方式的得分。

压抑型：

在以下题目中，计算出你回答 T（正确）的次数。

题目编号：3，4，5，8，10，11，20，21，22，41，42，54，55，56，57，58，59，60，61，63，65，69，70

然后把得出的数字除以 23，最后得到的数字便是你压抑型方式的得分。

放任型：

在以下题目中，计算出你回答 T（正确）的次数。

题目编号：26，44，45，46，47，48，49，50，52，53

然后把得出的数字除以 10，最后得到的数字便是你放任型方式的得分。

情绪管理训练型：

在以下题目中，计算出你回答 T（正确）的次数。

题目编号：16，23，27，29，30，31，32，34，35，36，37，38，39，40，51，64，71，72，73，74，75，79，81

然后把得出的数字除以 23，最后得到的数字便是你情绪管理训练型方式的得分。

现在，比较你得出的 4 个数字。哪一项得分越高，说明你越倾向于哪种教养方式。接下来，请继续阅读，第 36~39 页中列出了每种类型父母典型的行为表现，并就相应的教养方式对孩子产生的影响进行了阐释。

在接下来的部分，你将读到关于每种教养方式更详尽、更深入的描述，其中引用的案例都基于我们的研究，有的来自我们对四五岁孩子父母的采访，有的来自我们亲子小组中父母的谈话。在阅读的过程中，你不妨联想一下自己和孩子互动时的场景，比较这些教养方式和自己的方式有哪些不同，又有哪些相似之处。你还可以回忆自己童年时期与父母的互动。通过这些回忆，你将知道自己的优势在哪儿，缺点在哪儿。回忆一下，在你成长的家庭中，父母采用的是什么样的教养方式？你的家庭对情绪的理念是什么？他们对伤心或愤怒的时刻是怎样看待吗？当家庭成员难过、害怕或生气时，父母会花时间去聆听吗？他们会借助这样的时刻，给你支持、指引，帮你找到解决问题的方案吗？又或者，他们是否认为愤怒是有害的，恐惧是怯懦的表现，而悲伤是在自我怜悯？你的感受是否被忽视了？父母是否认为，你的情绪毫无意义、无足轻重，甚至是有害的？他们是否觉得，当你在表达情绪时，你是在放纵自己？

要知道，很多家庭都有着复合的情绪理念。也就是说，父母会针对不同的情绪，做出不同的反应。例如，有的父母认为，有时有悲伤情绪是完全可以接受的，却认为愤怒是不恰当的，甚至是危险的。相反，有些父母很看重孩子的愤怒情绪，认为这将有利于提升孩子的自信心，同时把悲伤和恐惧当作孩子怯懦的表现。此外，对不同的家庭成员，父母对待情绪的方式也不尽相同。比如，有些父母允许儿子表达愤怒，允许女儿伤心难过，却不允许儿子表达悲伤，不允许女儿表达愤怒。

在了解这几种不同的教养方式后，你或许会发现自己与孩子交流时存在的一些问题，并期望做出改进。那么，你将在第 3 章中读到有用的建议。在这一章里，我们将对情绪管理训练的 5 大核心步骤进行详细的说明。

忽视型父母

- 对孩子的情绪不够重视，认为它无足轻重。
- 不与孩子共享情绪，或者忽略孩子的情绪。
- 希望孩子的消极情绪快速消失。
- 典型的表现是转移孩子的注意力，关闭其情绪通道。
- 取笑或忽视孩子的情绪。
- 认为孩子的情绪是不理智的，因此不当回事。
- 对孩子想要表达什么，丝毫没有兴趣听。
- 缺少对自己和他人情绪的感知能力。
- 当孩子变得情绪化时，会感到担心、焦虑、反感、伤心或恐惧。
- 担心自己会情绪失控。
- 过于关注如何消除情绪，而不关注情绪本身的意义。
- 认为消极情绪是有害的。
- 认为关注消极情绪会让事情更加恶化。
- 面对孩子的情绪，不知道该如何应对。
- 认为孩子有情绪意味着大人有问题需要解决。
- 认为消极情绪是孩子调整能力差的表现。
- 认为孩子表现出消极情绪会让父母丢脸。

- 弱化孩子的感受，对那些引起孩子消极情绪的事件不予重视。
- 不和孩子一起解决问题，认为时间能解决一切。

这种类型的教养方式对孩子产生的影响：他们将明白自己的感受是错误的、不恰当的、不被认可的。他们会认为，是因为自身存在某种问题，所以才会有那种不好的感受。他们将不太擅长调整自己的情绪。

压抑型父母

- 身上具有很多忽视型父母的行为表现，只不过更加负面。
- 因为孩子表达情绪而评判、指责孩子。
- 过分强调为孩子的行为划定界限。
- 强调孩子要向好的情绪或行为标准看齐。
- 不论孩子是否有不良行为，都会因孩子表达情绪而斥责、教训或惩罚孩子。
- 认为表达消极情绪应该有时间限制。
- 认为消极情绪应该加以控制。
- 认为消极情绪是孩子性格不好的表现。
- 认为孩子会通过消极情绪来操控大人，这种观念会引发权力的抗衡。
- 认为情绪让人软弱，且认为孩子必须在情感上足够坚强才能在这个社会生存。
- 认为消极情绪是毫无益处的，是在浪费时间。
- 认为悲伤等消极情绪是一种需要克制的常见情绪。
- 过分关注孩子对大人权威的服从。

这种类型的教养方式对孩子产生的影响：同忽视型父母。

放任型父母

- 完全接受孩子所有的情绪表达。
- 当孩子感受到消极情绪时，会给孩子以安慰。
- 对孩子的行为不提供任何指导。
- 不教孩子感知、标注和应对情绪。
- 是“好好先生”，对孩子的什么事都应允，不划定行为界限。
- 不帮助孩子解决问题。
- 不教孩子解决问题的方法。
- 当面对消极情绪时，觉得除了包容以外，没有其他可以做的。
- 认为管理消极情绪就像操控压力装置，情绪只要发泄出来就万事大吉了。

这种类型的教养方式对孩子产生的影响：他们将不懂得如何调整情绪；他们很难集中注意力，很难与其他小朋友相处、建立友谊。

情绪管理训练型父母

- 把孩子的消极情绪当作增进彼此亲密感的机会。
- 当孩子伤心、生气或害怕时，愿意花时间和他在一起；不会对孩子的情绪失去耐心。
- 能够感知并重视孩子的情绪。
- 认为孩子的消极情绪给自己提供了一个很重要的教育孩子的机会。
- 对孩子的情绪状态很敏感，即使是细微的情绪变化也能察觉得到。
- 当孩子表达情绪时，不会变得困惑或焦虑；知道这时应该做什么。
- 尊重孩子的情绪。
- 不会取笑或忽视孩子的消极情绪。

- 不会告诉孩子他应该怎么想。
- 不会觉得自己需要解决孩子的每一个问题。
- 利用孩子情绪化的瞬间去做如下事情：

  ——倾听孩子。

  ——共情，用温情和安慰性的话语对待孩子。

  ——帮助孩子为他正在感受的情绪贴上标签。

  ——指导孩子调整情绪。

  ——划定行为界限，教给孩子什么是恰当的情绪表达方式。

  ——教给孩子解决问题的技巧。

这种类型的教养方式对孩子产生的影响：他们将学会信任自己的感觉、调整情绪、解决问题。他们有更强的自尊感，学习成绩很好，与他人相处融洽。

忽视型父母

如果罗伯特听到自己被归类为“忽视型父母”，他一定会感到很意外。在研究人员采访他的过程中，可以看得出来他很爱女儿希瑟，常常花大量的时间陪她。每当她不高兴时，罗伯特都会尽自己所能去“安慰”她。他这样说道：“我抱着她四处走，问她是不是需要什么。‘你想看电视吗？要不要给你放个电影？你是想出去玩吗？’我就这样，和她一起想办法，看能不能解决问题。”

然而，罗伯特忽略了一件事，那就是正面关注孩子的各种消极情绪。

他不会问这些问题，比如：“希瑟，你现在感觉怎么样？你今天是不是有点儿不开心？”因为他认为关注消极情绪无疑是火上浇油，会把它放大，造成更大的伤害。和很多父母一样，他担心悲伤或愤怒等消极情绪会吞噬一个人的生活，他不想让这件事发生在自己身上，更不希望它发生在自己宝贝女儿的身上。

为消极情绪关上发泄的大门，是很多父母在童年时就学会的行为方式。有的父母从小是在暴力环境中长大的，吉姆就是这样一个例子。吉姆现在依然记得父母30年前的争吵，每当那时，他和兄妹们会分散到不同的房间里，每个人都通过努力保持安静来应对正在发生的这一切。他们不能讨论父母的问题，更不敢说出自己的感受，因为这会让父亲的怒火更加凶猛。如今，吉姆已经结婚，有了自己的孩子，但他依然保持着回避、掩盖哪怕是一丝冲突或情感痛苦的痕迹，甚至当6岁的儿子被学校的坏孩子欺负时，他也不知道该如何和孩子谈论这些问题。吉姆想拉近和孩子的距离，倾听他的问题，帮他想出解决方法，但他在谈论这些内心深处的问题方面没有丝毫经验。结果导致他很少主动开始这样的谈话，而他的儿子似乎能感受到父亲的不安，所以也不打算向他说出自己的问题。

在贫困或疏忽大意的家庭中成长起来的父母，在应对孩子的情绪时也会遇到问题。这些父母从小就充当起了“拯救者”的角色，作为父母，他们感到自己有义务摆平孩子的所有难题——每一次伤害、每一次不公正的待遇。然而，这项起初看来是“超级父母”角色的工作，会让他们觉得越来越难以胜任；父母会越来越搞不清楚孩子真正需要的是什么。举个例子，在我们的实验中，有一位妈妈因为儿子弄坏了最喜爱的玩具卡车，而自己又不懂得如何安慰他，变得很困惑，甚至有点儿心烦意乱。如果她不能修好这个小玩具，她就不知道该如何排解儿子的难过之情。在儿子的悲伤情绪中，她看到的是他需要让一切变好的需求，而听不到他渴望安慰和理解的心声。

随着时间的推移，父母会把孩子的每一次难过或生气当成一项无法满足的要求。父母感到沮丧，感到孩子在左右自己，因而开始忽视或弱化孩子感受到的紧张情绪。他们试图让问题最小化，想把它搁置一边，以为这样问题就会渐渐被遗忘。

“如果杰里米进来告诉我，他的伙伴抢走了他的玩具，我会说：‘别担心，他会还回来的。’”杰里米的爸爸汤姆这样对我们的研究人员解释道，“若他说‘那个孩子打我’，我会说‘这可能是个意外’。我想让他把这一拳忘了，继续自己的生活。”

杰里米的妈妈玛丽安也以相似的方式对待孩子的悲伤情绪。“我会给他一个冰激凌，让他振作起来，忘了那些不愉快。”她说。玛丽安说出了忽视型父母共同的声音：孩子不应该悲伤，他们的悲伤意味着孩子或者父母在心理上有缺陷。“当杰里米伤心的时候，我也很难过。我们都希望自己的孩子快乐，能很好地调整自己的情绪，”她说，“我就不想看到他难过。我希望他每时每刻都开心。”

在情绪低落时，忽视型父母认为笑脸和幽默感很重要，所以他们渐渐形成了一种“忽视”孩子消极情绪的习惯。比如，他们试着逗笑一个难过的孩子，或者把正在生气的孩子的情绪当成笑料。不论他们说出这些话时是出于好意（“我家宝贝的小笑脸哪里去了？”），还是带着责备的口吻（“威利，别老像个孩子！”），孩子听到的都是同样的信息：你对这件事的感受是错误的，你的判断是没有根据的，你不能相信自己的内心。

很多父母在弱化或否定孩子的情绪时，感觉自己理所应当这么做，因为他们的孩子“还是个孩子”。忽视型父母认为理所当然，是因为他们觉得孩子关心的问题，如摔坏的玩具或操场上的打闹，不过是一些鸡毛蒜皮的事，根本无法和大人每天忧心的问题，如失业、家庭的偿付能力和理财的问题相提并论。他们甚至认为孩子是不理智的。当我们问一位父亲他是如何回应女儿的难过之情时，这位父亲满脸疑惑，说自己什么都不会去做。“你们正在讨论的是一个 4 岁的女孩。”他说道。这位父亲认为，自己女儿的悲伤情绪“往往基于对这个社会的运转方式缺乏了解”，因此不值得给予重视。他解释道：“她的反应是孩子气的表现。”

但并不是所有忽视型父母都对孩子的情绪丝毫不敏感。事实上，很多父母能深深地体会孩子的感受，却因为出于急切保护孩子的本能，而做出不合适的行为。他们认为消极情绪是有害的，因此不想让它们在孩子身上出现。他们认为，长时间地停留在消极情绪中是不利于健康的。如果他们能和孩子坐下来共享情绪，那他们的关注焦点，也仅仅是如何能快点把孩子从这种情绪中转移出来，而不是关注情绪本身。例如，萨拉很担心自己 4 岁的女儿因为养的宠物小豚鼠死去而太难过。“我担心如果我坐下来，分享贝姬所有的感受，会让她更加难过。”她解释道。所以，萨拉选择了更低调的方式。“我告诉她：‘没事。生活中这种事情避免不了。你的小豚鼠只是太老了。我们可以再买一只新的。’”萨拉若无其事的回应或许让她避免了直面贝姬焦虑的情绪，但她并没让贝姬感觉到自己被人理解，并不能给女儿安慰。事实上，贝姬可能还会想：“如果这没什么大不了，为什么我会这么难受？我想自己实在太孩子气了。”

最后一点，许多忽视型父母因害怕局面失控，而选择去否定或忽视孩子的情绪。从这些父母口中，我们经常听到他们用“火爆”“风暴”“暴烈”等词语来形容孩子的情绪：“他刚才脾气很火爆”“她冲我发飙了”“他刚在这儿制造了一场风暴”。

通常，追溯这类父母的童年，在学习调整情绪的时期，他们并未得到外界的帮助。成年后，当感到伤心时，他们担心自己会陷入一种挥之不去的抑郁中；当生气时，他们担心自己会越界，对别人造成伤害。

芭芭拉就是一个很好的例子。如果她当着丈夫和孩子的面发泄情绪，她就会感到自责。她认为表达愤怒是一种“自私”的表现，甚至是危险的，“就像那种杀人蜂”。此外，她还表示，自己的愤怒“不会带来任何收获……我提高了自己的嗓门，但接着……他们都很厌恶我”。

有了对自己愤怒情绪的不好印象后，当女儿生气时，芭芭拉会用幽默来转移她的情绪。“当妮科尔生气的时候，我只会笑，”她说，“有时，妮科尔表现得很荒唐，我会指出来，对她说‘别闹了’‘高兴起来’。”妮科尔生气，会让芭芭拉发笑，但妮科尔自己是否觉得这情形很可笑呢，芭芭拉似乎并不关心这个问题。“她这么小，小脸却憋得通红，”芭芭拉说，“她的样子看起来真像个洋娃娃，我当时就想‘这多逗啊！’”

当妮科尔有消极情绪时，芭芭拉还会用其他能想到的方法来转移她的注意力。她讲述了一次妮科尔因为哥哥和他的朋友们不让她参加游戏而生气的事情。“我把她放在腿上，和她玩起了一个小游戏。”芭芭拉很骄傲地述说着。她指着妮科尔的深红色厚裤袜，问道：“宝贝，你的腿怎么了？那么红，还毛茸茸的！”妮科尔被逗乐了，咯咯地笑了起来。妮科尔感受到了妈妈的温暖和对自己的关注，这让她忘记了自己刚才的气愤，转而去做别的事情。芭芭拉认为自己成功地处理了这件事，她说：“我会刻意这么做，因为我发现这个方式用在她身上真的很有效果。”

然而，芭芭拉不知道，自己因此而错失了一个和妮科尔交流感受、帮她了解嫉妒和被孤立的情绪的机会。这件事本可以成为芭芭拉和妮科尔共情的好机会，帮助妮科尔认识自己的情绪。她还可以帮助妮科尔找出解决与哥哥之间矛盾的方法。相反，妮科尔得到的信息仅仅是：你的愤怒是不重要的；你最好把它忘掉，去关注其他事情。

压抑型父母

压抑型父母和忽视型父母有很多相似之处，但也有一些不同：当描述孩子的情绪经历时，他们表现得非常苛责，对孩子缺少同理心。他们不只忽略、否定或贬低孩子的消极情绪，还压抑孩子的这种情绪。结果导致他们的孩子常常因为表达悲伤、愤怒或恐惧等情绪而被斥责、管教或惩罚。

压抑型父母不会试着理解孩子的感受，而会关注孩子由情绪引发的行为。比如，如果女儿因为生气而跺脚，妈妈会因为她令人不快、挑衅的行为而对她进行体罚，却不去弄清楚是什么让女儿如此生气。一个父亲因为儿子有每晚睡觉时大哭的习惯而训斥他，却不会把儿子的眼泪和他对黑暗的惧怕联系起来。

压抑型父母会习惯性地评判孩子的情绪体验，急于对他们的表现做判断，而不去考虑对于这种情况究竟需要给予安慰、指责还是惩罚。乔这样解释道："如果儿子蒂米的坏情绪是出于一个可以理解的原因，比如因为妈妈晚上不在家而想念她，那我就能理解他，会感同身受，并试着让他高兴起来。我会拥抱他，和他聊聊天，试着让他从这种情绪中走出来。"但如果蒂米是出于父亲不喜欢的原因而难过，"比如，我叫他去睡个午觉，如此之类的"，乔就会很严厉地回应他。"他表现得很难过，仅仅是因为他想做一个顽皮孩子，所以我会不管他，或者叫他振作起来。"乔把这种情绪起因的区别，当成自己管教孩子的准则。"蒂米应该学着不去那样做（因为不好的原因而难过），所以我告诉他：'小子，郁闷不会给你带来任何好处。'"

很多压抑型父母把孩子的眼泪当作操控父母的一种手段，这会更加惹怒他们。一位母亲这样说道："女儿每次哭闹或者噘嘴，都是为了吸引大人的注意。"这样理解孩子的泪水或脾气，只能将事件从单纯的情绪问题升级为力量的对抗。父母会想："孩子哭是因为想从我这儿得到什么。如果我不满足他，我就得继续忍受他的哭声、胡闹和耍赖。"从某种程度上说，父母感到自己被孩子威胁了，他们接下来会发怒，或者用惩罚的手段来回应孩子。

和很多忽视型父母一样，压抑型父母也很害怕应对情绪化的时刻，因为他们担心自己会情绪失控。"我不想生气，因为每次生气我都感觉自己要失控了。"5 岁男孩卡梅伦的妈妈琼这样说道。面对一个叛逆的孩子，这些家长会莫名地感到自己被各种不信任的情绪和行为围困了。在这种情况下，他们会因为孩子“惹我生气了”而惩罚孩子，并觉得这样做是理所当然的。琼这样解释道：“如果卡梅伦开始大吼，我会说：‘我不会忍受你的胡闹！’如果他还继续那样做，我就会揍他一顿。”

琳达的丈夫是一个脾气暴躁的男人，所以她担心自己4岁的儿子罗斯长大后会“和他爸一个样”。琳达急切地想拯救孩子免于那样的厄运，所以她常常采取“以暴制暴”的方法来回应儿子。“当罗斯难过的时候，他会又踢又闹，我就会揍他，好让他安静下来，”琼解释道，“或许我不应该那样做，但我真的不想让他的脾气变得那么坏。”

还有一些父母在孩子表达情绪时训斥或惩罚孩子，目的是让孩子更坚强。当男孩们表现出恐惧或悲伤时，他们压抑型的父亲极有可能会教训他们一顿。这些父母相信，这是一个生存艰难的世界，所以他们要求儿子别“老像个胆小鬼”或“总哭哭啼啼的”。

还有一些极端的例子，有些父母不允许孩子表达任何消极情绪。“好吧，凯蒂很难过，”一位父亲带着嘲讽意味地说起自己的女儿，“那我要怎么做呢？挠她的下巴？我不认为这是我要做的。我相信，每个人都应该学会自己解决问题。”对于女儿的愤怒，这位父亲采取的是“以牙还牙”的方式——女儿一生气，他就会生气。如果凯蒂“勃然大怒”，她的父亲理查德就会“揍她的屁股”。

当然，即使是在压抑型父母中，像这种完全压抑孩子并以严厉的方式回应的例子也只是少数。对很多父母来说，他们只是在特定的情况下才变成“压抑型父母”。例如，有些父母会在一定程度上包容孩子的消极情绪，只要孩子的表现在他们可以容忍的范围以内。在我们的研究中，有一位父亲就在脑海中勾勒出了一个闹钟的形象。他说他会忍受孩子的脾气，直到“脑袋里的闹钟铃铃作响”。这时，这位父亲就会把儿子杰森从他的脾气中叫停，并对他实施惩罚——与家人隔离。

在所有消极情绪当中，有些父母尤其会压抑孩子的悲伤情绪，因为他们认为这是在浪费精力。一位父亲用“冷酷的现实主义者”来称呼自己，他说自己把孩子的悲伤当成一种“时间的浪费”，“不会给你带来任何有建设性的回报”。

还有一些父母认为悲伤是一种珍贵而稀缺的资源，在小事上浪费太多情绪，就没有太多情绪留给生命中重大的悲伤时刻。然而，不论这类压抑型父母是以分秒还是以泪水计算孩子的悲伤，他们都在传递一个讯息——你在浪费自己的情绪。“我告诉查理把自己的悲伤之情省下来，留给像小狗死去那样的重大时刻，”葛瑞格说，“丢了个玩具，撕掉了书中的一页纸，这不是什么值得悲伤的事情。如果宠物死了，那你悲伤一下还差不多。”

如果家庭坚持这样的理念，那么孩子就会常常因为在无足轻重的事情上悲伤而受到惩罚。如果父母在童年时常被忽视，那么他们更容易把孩子的悲伤当作一种“奢侈品”，只有那些在情感上享受优越待遇的人才能负担得起。在我们的研究中，有一位名叫卡伦的母亲，她从小被父母遗弃，是由远房亲戚抚养长大的。从小缺少情感安慰的卡伦，对女儿“消极情绪”的忍耐力很低。

忽视型父母和压抑型父母存在很大的相似之处。事实上，很多把自己归类为忽视型父母的家长，在日后却发现自己身上具有很多压抑型父母的特质。同样，忽视型父母和压抑型父母养育的孩子也有很多共同点。我们的研究显示，这两类家庭的孩子常常不敢相信自己的判断。在被父母教育了无数次自己的感受是不恰当的或不被认可的以后，他们在成长的过程中逐渐相信，自己有那样的想法是因为自身存在什么问题，导致他们的自尊感很弱。他们不懂得如何调整自己的情绪，独立解决问题的能力也很差。相比于其他孩子，他们在集中注意力、学习、与同伴相处等方面表现得较差。另外，我们可以预见，这些因为表达内心感受而受到训斥、隔离和体罚的孩子，会把情绪共享当成一种高风险的任务，因为它会带来责备、抛弃、痛苦和虐待。如果有一把衡量情商的标尺，那么我会说：很不幸，这些孩子的得分很低。

这样的结果是悲剧，也是讽刺，因为这些孩子的父母，无论是忽视还是压抑孩子情绪，都是出于对孩子深深的关爱。为了保护孩子免受情绪上的痛苦折磨，这些父母会刻意避免或叫停那些可能带来眼泪或坏脾气的情绪共享时刻。这些父母以培养坚强男人的名义，对表达恐惧或悲伤之情的儿子进行惩罚；以养育心地善良的女子的名义，要求女儿把愤怒往肚子里咽，强颜欢笑。但到最后，这些策略产生的效果适得其反，这些孩子错失了体会自己情绪的经验，不懂得如何有效应对情绪，长大后对生活的重重挑战不知所措。

放任型父母

在我们的研究对象中，有一类父母和忽视型、压抑型父母有很大的不同，他们接受孩子的情绪，不论孩子表达何种情绪，他们都会急切地表示无条件认同。我把这种类型的父母称作“放任型父母”。这些父母心中充满了对孩子的同理心，他们会让孩子知道：无论他们经受什么，爸爸妈妈都能理解他们的感受。

但问题是，放任型父母通常缺乏指导孩子应对消极情绪的技巧，或者根本不愿意这样做。面对孩子的感受，这类家长采取的是不干涉的理念。他们把应对愤怒或悲伤等情绪，简单地当成一种压力的释放：让孩子表达出自己的情绪，父母的使命就算圆满完成了。

对于如何帮助孩子从情绪经验中学习、成长，放任型家长似乎意识不到这一点。他们不懂得教孩子解决问题的技巧，更加不知道该如何为孩子的行为划定界限。有人用“过度放纵”来形容这些家长，因为他们打着无条件包容的名义，实际上是在纵容孩子使用一些不恰当，甚至是恣意妄为的方式来表达情绪。如此一来，孩子生气时，会用言语或行为伤害别的孩子；悲伤时，会毫无节制地哭闹，而根本不去理会该如何安慰自己，平复心情。尽管这些表达消极情绪的方式在家长看来是可以接受的，但对于没有太多生活经验的孩子来说，却会给他们带来极大的恐惧，就像在情感痛苦的无底洞中挣扎，他们丝毫不知道该如何解脱。

我们的研究显示，关于情绪，很多放任型父母都不知道该教孩子什么。他们其中有些人说自己很少想过这个问题。有些人含糊地表示想给孩子“更多”。但除了给孩子无条件的爱以外，到底还能做些什么，他们普遍感到很迷茫。

和压抑型、忽视型父母一样，放任型父母的教养方式也是其童年成长经历的一种映射。

在萨莉的童年里，父亲经常体罚他们兄弟姐妹，不允许他们发泄自己的愤怒或沮丧。“我想让我的孩子知道，他们可以尖叫、大吼，只要他们愿意，”当了妈妈的萨莉解释道，“我想让他们知道，他们完全可以说‘我被欺负了，我很不高兴’。”

同时，萨莉承认，在养育孩子的过程中她时常感到很沮丧，她的耐心也是有限的。“当瑞秋做了坏事时，我很想对她说：‘那样做不是什么好主意，我们可以试试别的办法。’”然而，她却发现自己常常对瑞秋大声吼叫。“我发现我的耐心已经到了极限，最后居然那样对孩子，而事实证明，只有那样才有效。”她感叹道。

另外一位妈妈叫埃米，她小时候常常感受到一种伤感——她现在怀疑这可能是抑郁症的表现。“我想这种感觉源于一种恐惧，”她回忆道，“或许正是因为有这样的情绪，才会产生这种恐惧心理。”不论这种感觉的根源是什么，在埃米的回忆中，没有一个大人愿意和她一起谈谈她的感受。相反，她听到的往往是要求她转变心态的声音。“他们总是对我说：‘笑一个！’这真的很令人反感。”久而久之，她逐渐学会隐藏自己的悲伤，在想要表达这种情绪时选择退缩。长大后，她成了一名跑步爱好者。在这项单人运动中，她独自为自己的忧郁寻求安慰。

现在，埃米已经有了两个儿子。她发觉其中一个儿子和她一样有周期性的悲伤情绪，对此，她能深刻地理解他的感受。“亚历克斯把它称为‘一种有趣的感觉’，这和我当年的感觉一模一样。”埃米下定决心，当亚历克斯感到情绪低落时，她不会要求他强颜欢笑，她会对他说：“我理解你的感受，因为我曾经也有那样的感觉。”

然而，当亚历克斯沮丧时，埃米依然很难和他相处。当问到自己是如何应对儿子的悲伤情绪时，埃米说：“我出去跑步。”事实上，她也退缩了，留下儿子一人面对这一切，这和她在童年时遭遇的困境一样。亚历克斯独自在焦虑和恐惧中徘徊；而妈妈不在身边，不能给他依靠和任何情感上的支持。

这种只懂得包容孩子却不懂得引导孩子的放任型家长会对孩子造成什么样的影响呢？答案并不乐观。这些孩子很少能从大人身上得到指导，所以他们不懂得如何调整自己的情绪。当感到生气、悲伤或失望的时候，他们缺乏让自己恢复平静的能力，这让他们很难集中注意力，更不善于学习新的技能。这些孩子在学校的表现也不尽如人意，他们很难捕捉到那些微妙的社交性暗示，在交朋友和保持友谊方面困难重重。

这又是一个极为讽刺的事实。尽管放任型父母完全接纳孩子的情绪，极力想让孩子把握每一次幸福的机会，但由于他们不能给孩子提供应对消极情绪的指导，他们的孩子在长大后，和忽视型、压抑型父母养育的孩子处境基本相似——情商很低，对未来的各种挑战没做好准备。

情绪管理训练型父母

从某种程度上讲，情绪管理训练型父母和放任型父母的区别并不大。这两类父母看起来都无条件包容孩子的感受，都不会忽略或否定孩子的感受，更不会因为孩子表达情绪而轻视或嘲弄他们。然而，这两类父母也存在着很大的不同——情绪管理训练型父母还担当起孩子情绪世界导师的角色。他们不只接纳孩子的情绪，更会对其不当行为划定界限，教孩子如何调整情绪，找到合适的表达方式，指导他们解决问题。

我们的研究证明，情绪管理训练型父母对自己和所关爱的人的情绪有着极强的感知能力。此外，他们认为，生活中所有的情绪，包括那些悲伤、愤怒、恐惧等消极情绪，都有其存在的目的。例如，有一位母亲称，自己对当局的愤怒促使她写信抗议。一位父亲说，妻子的愤怒让她有动力去和住宅周围的施工队伍沟通。

就连他们看待悲伤情绪的眼光也是积极的。“每当感到伤心时，我就知道它在提醒我，让我慢下来，关注自己的生活，看看问题出在哪里。”丹说。这种观念已经延伸至他和女儿的关系中。他不会压抑或试着抚平珍妮弗的感受，相反，他会把她伤感的时刻当作拉近和女儿内心距离的好机会。“在这个时候，我会抱着她，和她说说话，让她说出自己心里的感受。”爸爸和女儿在同一个波段上，这对珍妮弗来讲是一个认识自己情绪、学习如何与他人相处的好机会。“十次中有九次，她不知道自己的情绪从哪里来，”丹说，“所以，我会试着帮她认识自己的情绪……然后我们会讨论，下次有这样的感受时应该怎么办，如何应对，等等。”

很多情绪管理训练型父母表示，当孩子表达情绪时，他们会很欣赏，因为这证明孩子和他们有着同样的价值观。一位妈妈回忆说，当看到自己5岁的女儿看着电视节目泪眼汪汪时，她感到很欣慰：“这让我很高兴，因为我知道自己的女儿是一个真诚的人，她不只关心自己，还关心其他事，关心其他人。”另外一位妈妈告诉我们，那天，当4岁的女儿在挨骂后冲她反击时，她有多么骄傲，还有点儿惊喜。“我不喜欢你说话的语气，妈妈！”小女孩对她说，“你那样说让我很伤心！”当妈妈从震惊中恢复过来后，她对女儿的果敢感到惊喜万分，并对女儿能使用自己的愤怒来要求尊严而感到欣慰。

或许正是因为这些父母能看到孩子消极情绪存在的价值，所以当孩子生气、伤心或害怕时，他们比一般父母更加有耐心。他们愿意花时间和一个哭哭啼啼或烦躁不安的孩子待在一起，倾听他们的担忧，和他们共享情绪，让他们发泄心中的愤怒，或者让他们“哭出来”。

杰克说，他会试着和儿子泰勒站在同一视角看问题，尤其是当儿子因为和他争论而不愉快时。“当我真正听取泰勒的观点时，他会好受很多，因为这让他知道，我们能够以他能接受的方式解决问题。我们是作为两个平等的人来解决冲突，而不是一个男人和他的宠物。”

情绪管理训练型父母鼓励孩子对自己的情绪要诚实。“我想让孩子们知道，生气并不代表她们就是坏人，也不代表她们憎恨那个令其生气的人，”4个女孩的妈妈桑迪说，“我想让她们知道，那些令她们感到生气的事物也有好的一面。”与此同时，桑迪为女儿们的行为划定界限，教她们用更温和的方式来表达愤怒。她想让女儿们成为一生的朋友，但她知道，要想达到这一目标，姐妹们应该善良地对待彼此，呵护彼此间的感情。“我告诉她们，对姐妹发火，这没问题，但不能说一些难听的话，”桑迪说，“我对她们说，家人是你们的依靠，无论发生什么事，你们永远都可以找她们，所以你们不应该疏远彼此。”

对于情绪管理训练型父母，这种划定界限的行为非常普遍。他们能包容孩子所有的情绪，但不会纵容他们所有的行为。如果孩子的行为方式伤害自己、伤害别人，或者对他的人际关系有害，情绪管理训练型父母会立刻叫停这种有害行为，指导孩子重新选择更适合的行为来表达情绪。他们不会充当孩子的保护伞，帮他们避免一些情绪化的时刻，因为他们知道，孩子需要这些体验，通过这些体验，才能学会如何调整自己的情绪。

玛格丽特就是这样一个例子。她4岁的儿子本从婴儿期开始，就一直情绪不稳定。为此，她一直在思索如何帮助他。玛格丽特说，当本生气时，“他会咬牙切齿，大吼大叫，扔东西”，“他会冲弟弟发火，或者弄坏玩具”。玛格丽特没有试图消除本的愤怒情绪，因为她相信，这样做无疑是无用功。她尝试教本用更好的方式来表达愤怒。当看到他的情绪变得紧张时，她会让本做一些有减压效果的活动。比如，她会让本去外面跑步，或者让他去地下室敲鼓，这是玛格丽特特意为他买来的。尽管玛格丽特对本变化无常的脾气感到很担忧，但她也从他倔强、不屈不挠的性格中，看到了积极的一面。“他从不放弃。如果画的画没让自己满意，他就会不停地画，哪怕要把画好的画扔掉五六次。一旦他对自己的作品满意了，他难受的感觉也就消失了。”

有人说，远远地看着孩子独自努力克服问题的过程，让父母感到焦虑难耐。尽管如此，情绪管理训练型父母也不会担当起“灭火队长”的角色，替孩子解决所有问题。例如，桑迪常常对4个女儿说，她们不能把所有喜欢的新玩具和新衣服都买回家，而这常常招致女儿们的抱怨。桑迪没有做什么去安慰她们，而仅仅是去倾听她们表达心中的失落感，并告诉她们，在这种情形下，有失望的感觉是很正常的。“我想，如果她们现在就能应对一些小小的失望，那么长大以后，如果生活中出现更大的失望，她们将知道该如何面对。”

玛丽亚和丹也希望自己的耐心最终会带来回报。“我希望在接下来的 10 年时间里，珍妮弗在多次应对这些情绪以后，知道自己该如何去做，”玛丽亚说，“我希望她会有足够的自信，明白自己完全可以有那样的感受，而且知道该如何应对。”

在生活中，情绪管理训练型父母非常重视情绪的力量和价值，所以他们不会害怕在孩子面前表露自己的情绪。当他们难过时，他们能在孩子面前哭；他们可以发脾气，并告诉孩子自己为什么那么生气。在大多数情况下，由于他们理解情绪，并相信自己能正确地表达愤怒、悲伤、恐惧等情绪，他们会通过自己的行为来为孩子的学习做榜样。事实上，父母的情绪表露是对孩子如何表达情绪最有效的诠释。当看到父母经过激烈的争吵并和解后，孩子将学会如何化解冲突，并为真爱的持久力所打动。同样的道理，当看到父母极度悲伤的样子（如离婚、祖父母去世等原因），孩子将学会如何应对悲伤和绝望。特别是当看到身旁的大人在悲伤时关心彼此，给予对方支持、安慰和帮助时，孩子将懂得，分享彼此的悲伤有助于建立感情的联结，增进彼此的亲密感。

如果情绪管理训练型父母的言行伤害到孩子——这种情况在任何家庭都会发生，他们会敢于向孩子道歉。父母在承受巨大压力时，可能无意间会做出一些不恰当的回应，如用不好的词称呼孩子，或者提高嗓门吓孩子。他们对做出这些行为感到后悔时，会敢于对孩子说“对不起”，并从这件事中吸取经验教训。这样的情况也是一种增进彼此亲密感的机会，尤其是当父母坦诚说出自己当时的感受，以后将会用什么更好的方法来应对时。通过这件事，父母也在告诉孩子该如何处理内疚、悔恨和悲伤等情绪。

情绪管理训练的有效进行离不开行之有效的纪律，要让孩子明白，违反这些纪律会有什么样的后果。事实上，在实行情绪管理训练的过程中，父母将发现，孩子的行为问题逐渐减少。这主要基于以下几个原因。

首先，当孩子出现轻微的情绪变化时，情绪管理训练型父母就会觉察到，并对其做出回应。换言之，父母还没等到孩子情绪激化，就已经给予孩子所需要的关注。孩子将逐渐明白，父母理解自己，与自己感同身受，对自己生活中发生了什么非常关心。他们不需要做出极端的行动，就能感受到父母的关切。

其次，从小接受情绪管理训练的孩子能熟练掌握安慰自己的技巧，能在承受压力的情况下，依然保持镇静。这让他们不会轻易做出不好的行为。

再次，因为情绪管理训练型父母不会轻易否定孩子的情绪，所以他们和孩子之间发生冲突的概率也会降低。换句话说，孩子不会因为伤心哭泣或表达愤怒而被大人训斥。情绪管理训练型父母还会为孩子的行为划定界限，关于什么行为是正当的、什么是不恰当的，他们会告诉孩子明确而一致的标准。当孩子知道纪律，并且理解打破这些纪律会有什么样的后果时，他们就更加不会做出不好的行为。

最后，这种形式的教养方式让父母和孩子之间的感情联结更加坚固，孩子会尊重父母的意愿，更愿意服从他们的要求。这些孩子把父母看作自己的知己和盟友。他们想让自己的盟友高兴，不想令他们失望。

一位母亲讲述了自己和女儿相处的一个片段，向我们演绎了这种感情联结是如何发挥作用的。苏珊娜在女儿的作业本中发现了一张小纸条，上面写的是关于另外一个小朋友的坏话。尽管这张纸条上没有署名，但是苏珊娜能认出来，那是女儿劳拉的笔迹。当苏珊娜带着这张小纸条去质问劳拉时，女儿没有大胆承认，坚持说不是自己写的，但苏珊娜知道劳拉在撒谎。这件事让苏珊娜烦心了好几天，因为她感觉自己对女儿的信任正在消退，女儿纯真无瑕的天性正在改变。最后，她知道自己必须再次提起这个话题，而这一次，她会告诉女儿自己对这件事的感受。

"关于那张小纸条，我知道你在撒谎，"苏珊娜坚定而明确地说道，"这让我对你感到很失望，也很伤心。我相信你是一个诚实的孩子，但现在发现你在撒谎。我想让你知道，如果你准备好对我说出实话，我会聆听，会原谅你。"

沉默了两分钟后，劳拉的眼睛里噙满了泪水。"关于那张小纸条，我对你撒谎了，妈妈。"她哭着说道。女儿说完这些，苏珊娜给了她一个拥抱。接下来，她和女儿坐下来，谈了很多关于小纸条的事，关于小纸条中提到的那个小女孩，关于劳拉该如何化解和她的冲突。与此同时，苏珊娜再次向女儿强调，诚实对她们维持母女关系的价值。据苏珊娜回忆，劳拉后来再也没有对她撒过谎。

当孩子和父母建立起情感上的联结后，父母再通过这条感情联结教导孩子如何调整情绪、解决问题，好的效果就会显现。就像我们在前面提到的那样，接受情绪管理训练的孩子在学业上有更高的成就，身体更加健康，和同伴的关系也更加和谐。他们很少出现行为方面的问题。遇到痛苦经历时，他们能更快地恢复到良好的状态。有了这样的高情商，他们可以使自己做好准备，迎接生命中更大的风险和挑战。

高情商教养要点 EQ

- 忽视型父母常漠视、忽略或轻视孩子的消极情绪。
- 压抑型父母对孩子的消极情绪持批评的态度，经常会因为孩子表现出消极情绪而训斥或惩罚孩子。
- 放任型父母常包容孩子的情绪，和孩子一起感同身受，但不能提供必要的指导，也不能给孩子的行为划定界限。
- 父母的情绪表露是对孩子如何表达情绪最有效的诠释。

RAISING AN
EMOTIONALLY
INTELLIGENT
CHILD

第二部分

情绪管理训练

能让孩子感觉更安全，
你们之间的情感就会更稳固。

03

情绪管理训练的 5 个关键步骤

问题解决的开始

我还记得发现情绪管理训练在我女儿莫利亚身上奏效的那一天。那时她刚两岁，我们去国外探访完亲戚，正在回国的航班上。无聊、疲惫、烦躁的莫利亚开口要她的斑马，那是她最喜欢的毛绒玩具。但不幸的是，我们粗心地把这个玩旧了的动物玩具装在了托运的行李箱里。

“亲爱的，我很抱歉，但我们现在不能要小斑马。它现在正躺在一个大行李箱里，而这个行李箱在飞机的另外一个地方。”我向她解释道。

“我想要小斑马。”她可怜地哀求道。

“我明白，宝贝。但小斑马现在不在这儿。它在下面的行李舱里呢，在下飞机前爸爸也没办法把它弄出来。对不起！”

“我就要小斑马！小斑马！”她嘟囔着，接着就哭了起来。她在安全座椅里扭动着，试图探身去够地板上的一个包，她之前见我从里面拿过零食。

“我知道你现在想要小斑马。”我对她说着，感觉自己的血压正在上升。“但它不在那个包里。它不在这儿，我一点办法也没有。这样吧，我们一起看厄尼[①]吧。”我边说边摸索着拿她最喜欢读的图画书。

“不要看厄尼！”她哭闹道，这时她已经生气了。“我就要小斑马。现在就要！”

此时，飞机上的人都在望着我，乘务员、我的妻子和过道另一侧的乘客们都在等着我做点什么。我看着莫利亚，她的小脸因为生气而憋得通红，我想象着这一刻她有多么失落。我不是她的“万能老爸”吗？我不是曾按她的要求制作出了花生黄油口味的三明治吗？我还曾拿着电视遥控器一按，给她变出一只巨大的紫色恐龙。现在，我怎么会把她最喜欢的玩具置于千里之外呢？难道我不知道她有多么需要它吗？

我的感觉糟透了。忽然间，一丝亮光在我脑中闪过：我或许不能把斑马送到她手边，但我可以给出作为父亲应该给的安慰。

① 厄尼（Ernie），美国儿童节目《芝麻街》中的人物。——译者注

“你希望现在就能抱着小斑马。”我对她说道。

“是的。”她伤心地回答道。

“所以你很生气，因为我们不能把它拿过来给你。”

“没错。”

“你希望现在就能有小斑马陪伴。”我重复道。她好奇地看着我，甚至有点儿吃惊。

“是的。”她嘟囔着，“我现在就想和它在一起。”

“你现在很累，如果能抱着小斑马，闻着它的味道，一定感觉很好。我也希望小斑马能在这里，陪在你身边。我甚至希望我们能跳出这些座椅，找一张巨大的床，床上摆满了你的玩具和枕头，要是能躺在那里就太好了。”

“是啊。”她赞同道。

“因为小斑马在飞机的另外一个地方，我们不能把它拿过来给你，”我说道，“所以你才感到这么失望。”

“是的。”她叹了口气。

“真对不起。”我说道，看着她脸上的紧张感慢慢消失。她把头靠在自己的安全座椅上休息，又温和地抱怨了几次，但她变得越来越平静，几分钟后就睡着了。

共情：情绪管理训练的基础

现在，让我们花点儿时间想象一下，生活在一个同理心缺失的家庭里，生活将会怎样。把你的家想象成这样一个地方：你的父母期望你从始至终保持积极、愉快和平静的状态。在这个家里，伤心或愤怒都被看作失败的象征，或者预示着一场灾难的到来。每当你情绪不好时，父母都会变得异常焦虑。他们会告诉你，他们希望你能对现状满意、乐观，多看看事物“积极的一面”；他们希望你永远不要抱怨，永远不要说哪个人或哪件事的不是。而你，作为一个孩子，觉得父母讲的这一切都是正确的，相信坏情绪就是坏孩子的标志。所以，你尽自己所能，按照他们的期望去生活。

问题是，生活中接二连三的麻烦不断出现，保持这个幸福的外表变得越来越不可能。你的小妹妹闯进了你的房间，弄坏了你收藏的漫画书。你在学校为自己没做过的事情受罚，而你的好朋友眼睁睁看着你被冤枉。你每年都带着自己设计的项目参加科学比赛，但每次都扫兴而归。最后还有糟糕透顶的家庭旅行，父母在你面前吹嘘了好几个月，最后却证明不过是单调乏味的汽车观光之旅，一路上听着妈妈赞叹她眼中引人入胜的风景，听着爸爸不停地介绍那些他自以为魅力无穷的历史古迹。

然而，这一切都不应该让你心烦。如果你抱怨你的妹妹是个“害人精”，妈妈会主动替你圆场，说：“这肯定不是你的真心话，对吗？”谈到在学校里发生的不快时，爸爸会不问青红皂白地说：“一定是你在学校做了什么事情惹怒了老师。”科学项目比赛？“别再提了，明年你会进步的。”家庭旅行呢？趁早更别提了，你可不想听到诸如“我和你爸爸花了那么多钱带你去犹他州旅行，你却……”之类的话。

所以，一段时间后，你学会了闭嘴。如果在学校遇到了什么问题，你就会给自己戴上微笑的面具，回到自己的房间里，觉得没必要让老爸老妈不开心，因为他们讨厌问题。

吃饭的时候，爸爸问道："今天在学校怎么样啊？"

"很好。"你回答道，带着略显僵硬的笑容。

"那就好，那就好。"爸爸转而说道，"把黄油递过来。"

在这样一个需要假装的家庭中长大，你学到了什么呢？首先，你会觉得自己和父母不是同一类人，因为他们看起来没有你那些不好的、危险的感受。你还明白，如果出现那些感受，你就会成为问题：你的伤心将是美好中的不足，你的愤怒将会让整个家族蒙羞，你的恐惧将成为他们前进的绊脚石。如果没有你和你的这些想法，他们的世界就会更完美。

时间长了，你觉得似乎没必要再和家人谈论自己真实的内心世界。这让你感到很孤单。但你明白，只要能继续伪装幸福，每个人都会过得很好。

当然，事情会变得越来越令人困惑——随着渐渐长大，你发现有太多证据证明这个世界确实是一个充满烦恼的地方。你的生日来了，但你得不到唯一想要的玩具；最好的朋友又交了一个好朋友，只剩你自己一人在餐厅排队就餐；你戴牙套了；最爱的奶奶去世了……

但你依然相信不应该有那些不好的想法。所以，你成了一个掩盖自己真实想法的"大师"，甚至比那还要高明——你努力让自己对这些事情不要有感觉，你学会避开那些会带来冲突、愤怒和痛苦的场合，你和身边最亲密的人保持距离。

否定自己的情绪并不总是一件轻松的事，但无论如何你都努力去尝试。你学着通过分散注意力来回避问题，试着通过娱乐消遣来排解压力。有时，你通过吃东西来平复自己不好的情绪。电视和电脑游戏能帮你暂时忘记痛苦，从问题中脱离出来。用不了几年，你就有本事找到一些更有效的方式来转移注意力。而在你忍受这一切的过程中，你依然在坚守着自己的快乐前线，让你的家人满意，让一切维持在可控制的范围之内。

然而，如果换一种方式，你的生活将会怎样呢？如果你生活在一个对你有同理心、理解你的家庭里，而不是一个一味要求你积极乐观的家庭里，你的生活会怎样呢？想象一下，如果当你的父母问“你好吗”时，仅仅是因为他们想知道事情的真相，那你将不会强迫自己每次都回答“还可以”，因为你知道如果你告诉他们“我今天过得很糟糕”，他们也能够平静应对。他们不会主观臆断地下结论，也不会觉得你生活中的每个问题都是他们必须搞定的巨大灾难。他们只会听你接下来说什么，并尽最大努力来理解你、帮助你。

如果你告诉他们，你在学校和同伴打架了，妈妈会问清楚是怎么回事，会关心你的感受，会想自己能否帮你找出解决问题的方法。如果你和老师之间有误解，你的父母不会不假思索地选择和老师站在一边，他们会仔细听你讲述事情的经过，他们会相信你说的话，因为他们相信你说的都是实话。如果你的科学项目又失败了，爸爸会告诉你，当他还是个小男孩的时候，也有和你一样的经历，他知道那种站在全班同学面前紧张地摆弄着机器，而它却只摇晃了几下就夭折了的感受。如果你的小妹妹撕坏了你搜集的连环漫画书，妈妈会把你搂在怀里，安慰道："我知道你为什么这么生气，你特别珍惜这些漫画书，你已经搜集它们很多年了。"

如此一来，你可能觉得自己没那么孤单。你会觉得，不论发生什么事，父母都将站在自己一边，支持自己。知道父母理解自己心里的感受，你将更愿意向他们寻求支持。

从简单意义上讲，共情就是理解他人感受的能力。那么，有共情能力的父母会怎样做呢？当看到孩子流泪的时候，我们会想象自己就是这个孩子，并理解他的痛苦。当看到孩子愤怒地跺脚时，我们能感受到他的懊恼和怨气。

在与孩子交流的过程中，如果我们能把这种亲密的、情绪上的理解传递给他们，就等于我们认可了他们的经历，并带领他们学着安慰自己。这种技巧，让我们和孩子"在同一条船上"，不管前方是激流还是岩礁，我们都能一起见证，并指引孩子按照正确的轨道前行。即使我们的关系中出现险滩——就像青春期经常发生的那样，我们也能帮助他们越过障碍，找到自己的方向。

为什么共情具有如此大的力量呢？这是因为共情能让孩子把父母当成自己的盟友，而非旁观者。

现在，花一点时间，想象这样一个场景：因为隔壁的孩子不愿意和自己玩，8 岁的威廉沮丧地回到家里。这时，正在读报纸的父亲鲍勃只是抬起头说了句："不要再这样了！威廉，你是大男孩了，不是小娃娃了。不要每次别人一冷落你，你就难过成这样！别想它了，干点儿别的，给你的同学打个电话，读读书或者看看电视。”

因为孩子总是习惯性地相信父母的评价，所以威廉极有可能会这样想：“爸爸说得对。我的表现就像个孩子，这就是隔壁的男孩不愿意跟我玩的原因。我不明白自己为什么会这样。我为什么就不能像爸爸说的那样，忘记这事？我这人真是太逊了。没有人想和我做朋友。”

现在，再想象一下，当威廉进门时，如果鲍勃换一种不同的回应方式，威廉会有怎样的感受。如果鲍勃放下手中的报纸，看着自己的儿子，问道：“威廉，你看起来有点儿不高兴。告诉我发生了什么？”事情会怎样呢？

如果鲍勃敞开心扉，真正听进去儿子在说什么，说不定威廉会对自己有另一种截然不同的看法。他和爸爸之间的对话可能会这样展开：

威廉：“汤姆和帕特里克不让我和他们一起打篮球。”

鲍勃：“我猜这一定让你很伤心。”

威廉：“是的，我简直要疯掉了。”

鲍勃：“我看得出来。”

威廉：“我不明白，为什么我就不能和他们一起投篮？”

鲍勃：“你问他们了吗？”

威廉：“没，我也不想问。”

鲍勃："那你接下来想做什么？"

威廉："不知道，我想我还是干点儿别的吧。"

鲍勃："你觉得这样做，是更好的主意？"

威廉："没错，我想他们明天说不定就改变想法了。我还是给同学打个电话，或者看本书，看电视也是个不错的选择。"

显而易见，二者的区别之处在于父母是否有对孩子共情。在两个场景中，爸爸鲍勃都很关心儿子的感受。或许，他一直担心威廉对伙伴们的拒绝太敏感，想让儿子变得更坚强一点。然而，在第一个情形中，鲍勃犯了一个父母最常犯的错误：让自己对儿子的期待变成了与儿子交流的阻碍。他不但没有共情，还对儿子进行指责，给他上了一课，抛给他一些建议。结果，他的好心却产生了适得其反的效果。威廉更伤心地走开了，更加被误解，更加像个胆小鬼。

相反，在第二种情形中，鲍勃花时间聆听儿子的心声，让儿子明白，爸爸理解他的感受。这让威廉感觉更坦然，对自己更有自信。最后，威廉自己想出了一些爸爸可能要给他的建议，找另一个玩伴，看看书，等等。但这些想法是这个小男孩自己想出来的，所以当他走开的时候，他的自尊心完好无损。

共情就是这样起作用的。当我们试着去理解孩子的经历时，他感受到了我们的支持，知道我们和他站在一边。如果我们尽力不去批评他，不漠视他的感受，不试着把他从自己的消极情绪中转移出来，他就会允许我们进入他的世界，会告诉我们自己的感受，与我们分享观点。他的动机看起来将不再那么神秘，这又促成了彼此间的进一步理解。孩子开始信任我们。当生活中出现冲突时，孩子会和我们站在统一战线上，共同解决难题。孩子甚至还会尝试和我们进行头脑风暴，一起寻求解决问题的答案。只有这样，他们才会在将来真的听取我们的建议。

讲到这里，如果你们觉得我把共情这一概念讲得太简单了，那是因为它本身就不复杂。共情，就是把自己置身于孩子的立场，并随之做出回应的能力。

然而，共情的概念虽然简单，并不代表它实施起来就很容易。

在接下来的几页，你将读到情绪管理训练的 5 个关键步骤。通过这些步骤，父母在与孩子沟通的过程中就能做到共情，进而提高孩子的情商。正如第 1 章中提到的那样，这几个步骤包括：

- 觉察到孩子的情绪。
- 把情绪化的瞬间当作增进彼此亲密感、对孩子进行指导的好机会。
- 对孩子的情绪感同身受，倾听孩子的心声，认可孩子的情绪。
- 帮助孩子表达情绪，用言语为孩子的情绪贴上标签。
- 划定行为界限，指导孩子解决问题。

在第 4 章中，你将读到情绪管理训练的其他策略，以及一些不适合进行情绪管理训练的情形。除此之外，你还会看到两个测试，一个是本章中用来评估你对情绪的感知能力的测试，另一个是第 4 章中用来测试你进行情绪管理训练的技能的测试。

第一步：觉察到孩子的情绪

我们的研究表明，父母要想理解孩子的感受，必须对情绪有所感知，首先要对自己的情绪有所感知，其次才是孩子的。对情绪有所感知，意味着什么呢？把心里的想法都袒露出来吗？卸掉防备，把自己潜藏的一面暴露出来吗？如果是这样的话，一向含蓄、严肃的父亲究竟应该怎样做才能保持他那酷酷的、有男子汉气概的形象呢？看迪斯尼电影的时候，父母可以哭吗？打完篮球比赛，他们需要拥抱别的家长吗？那些忍受着巨大压力，还要对人友好、有耐心的妈妈，也会有同样的疑问。当你感到反感或愤怒的时候，你该怎么办呢？要责骂和抱怨自己的孩子吗？要对他发火吗？这样做会失去他们的爱和信任吗？

事实上，我们的研究显示，父母不需要很善于表达自我，不需要有失控的感受，也一样可以对情绪有感知的能力，这种能力正是进行情绪管理训练的基础。感知情绪，意味着当感受到一种情绪时，你能发现并认识这种情绪，并对他人的情绪有敏锐的觉察力。

性别是如何影响情绪感知能力的

一个人是否愿意表达出自己的情绪，在一定程度上取决于文化因素。跨文化研究表明，意大利人和拉丁美洲人更外向、充满热情、善于表达，而日本人和斯堪的纳维亚人则更拘谨和保守。然而，这种文化的差异并不影响一个人感受情绪的能力。一个人不愿意公开表达自己的爱意、愤怒或悲伤等情绪，并不代表他内在感受不到这些情绪，更不表示他就不能从他人身上觉察到这些情绪，并随之做出回应。毫无疑问，任何文化背景的人都有敏锐察觉孩子情绪的能力。

美国的文化环境似乎并不鼓励男人显露自己的情绪。现代人普遍认为，男性是缺乏感情的，对妻子和孩子的感受总是漠不关心。然而，心理学研究得出了截然不同的结论。包括我们实验室在内的很多机构的研究表明，尽管男性和女性在表达感情方面有很大的差异，他们在感知情绪方面的能力却近乎相同。

为了研究女性是否比男性有更强的情绪感知能力，我和同事们邀请了一些夫妻讨论婚姻中有争议性的一个话题，并对这一过程进行录像。实验结束后，我们邀请每对夫妻回看这些录像，告诉我们他们在谈话过程中的感受。为了分析他们的回答，我们让他们用不同的等级，从消极到积极，来评价他们自己当时的情绪状态。当看到那些感到伤心或生气的片段时，他们就会选择“消极”；而当看到令人高兴的片段时，他们会选择“积极”。然后，我们再次播放录像，让每个人对同一次对话中配偶当时的感受做出评估。对比两次评估记录，我们就可以总结出每个人对另一方的情绪判断是否准确。令人惊讶的是，我们发现，每时每刻，丈夫和妻子一样能准确体会对方的感受。

我们之后又邀请了局外人来回看这些录像，以同样的方式做出评估，我们发现，在这些局外人中，男性和女性在感知他人情绪方面的能力相当。此外，我们还发现，那些能对当事人的情绪感同身受的观察者，有着与当事人近乎相同的生理反应。换言之，当录像中的当事人因为愤怒而心跳加速时，这些观察者因为与他感同身受，也会有相似的心跳加速。不论这些观察者是男性还是女性，当他们体会到当事人的感受时，产生的生理反应是近似的。

那么，如果男性和女性有同样的共情和回应情绪的能力，为什么人们总觉得男性很冷漠呢？答案很明显。尽管男性和女性对情绪有同样的体会，但男性总是倾向于掩盖情绪。研究中发现，女性能更自然地通过语言、面部表情和身体语言来表达自己的感受，而男性则更倾向于压抑、掩盖甚至否定自己的情绪。

有理论认为，男性这样做，是因为这个社会期望男性更坚强，而一旦男性的情绪失去控制，他们承受的后果也是巨大的。这个社会确实存在这种大男子主义的人，他们把自己完全封闭起来，拒绝任何情绪感知。但这种人在男性中还是少数，不到 10%。

在表达情绪和感知情绪方面表现出退缩倾向的男性，在家庭关系方面往往遇到阻碍，但这并不意味着他们就没有资格对子女进行良好的情绪管理训练。研究表明，男性拥有情绪管理训练所需的一切内在条件：能够觉察到自己的情绪，有能力发现并回应孩子的情绪，具有共情的能力。对很多男性来说，情绪感知能力并不算是一项需要学习的新技能，而是自身具备已久的经验，他们需要的是允许自己使用这些早已存在的经验。

当父母感到失控时

然而，对一些父母来说，就连如此简单的坎儿都很难越过，因为他们担心自己会在处理愤怒、悲伤和恐惧等消极情绪时失去控制。一些父母尤其不愿意认可自己的愤怒情绪，他们很担心自己会失控。他们甚至担心这样会使孩子疏远自己，让自己成为他们学习的坏榜样，会让孩子在愤怒时同样失控。这些父母同时也担心会在身体和心理上伤害孩子。

研究表明，感到情绪失控的家长通常具有以下特点中的一项或多项：

- 他们经常有诸如愤怒、悲伤、恐惧等情绪。
- 他们感到这种情绪很强烈。
- 在经历这种强烈的情绪后，他们久久难以平复。
- 当感受到这种情绪时，他们变得手忙脚乱，甚至无法正常工作或生活。
- 他们憎恶自己在感受这种情绪时的表现。
- 他们对这种情绪很警觉，随时都在防御这种情绪的出现。
- 表面上，他们表现得很平静——沉着、善解人意、有同情心，但这仅仅是故作镇静。
- 他们认为，那些情绪是有害的，甚至是不礼貌的。
- 当感受到这种情绪时，他们觉得自己需要别人的帮助。

为了避免情绪失控，这些父母会尽力做个“超级老爸”或“超级老妈”（这种类型的父母有时会对配偶表现出愤怒情绪，同时又担心孩子目睹这一过程）。为了掩盖自己的愤怒情绪，这些父母通常选择回避与孩子在情绪上进行交流，或者忽视情绪化的瞬间。颇具讽刺意味的是，正因为这些父母处处掩盖自己的情绪，他们的孩子处理消极情绪的能力往往很差，倒不如学着让自己的情绪通过非暴力的途径发泄出来。在这样的家庭环境中长大的孩子，在感情上和父母较为疏远，也缺少一个教他如何应对消极情绪的榜样。

索菲就是一个很好的例子。她是我们亲子小组的一名成员，因为父母酗酒，索菲像很多在这种家庭环境中长大的孩子一样自卑。索菲认为跳出自己成长的阴影，成为一位好妈妈的方法是，给予孩子无条件的爱和无尽的友善。然而，她常常被自我否定的情绪所困扰，在自我反感和挫败感中挣扎。当这种情绪涌现时，索菲就会用各种方法来打压它，并为自己的自私感到自责。在情绪的重压下，索菲有时会失去控制，对孩子表现得极其苛刻，甚至采取一些非理性的惩罚措施。“我知道发脾气对孩子不好，”索菲说，“但我不知道该如何控制自己。这就好比我在以两种速度行驶——友好和刻薄，而我却掌控不了挡位。”

直到坏脾气的孩子在学校惹了麻烦，索菲才决定来做咨询。她这才意识到自己对待情绪的态度实际上害了孩子。索菲一直在否定自己的情绪，因此不能成为孩子处理消极情绪的榜样；她不明白，在家庭生活中诸如愤怒、反感和嫉妒等情绪其实是自然而然涌现的。现在，即使明白了这些道理，改变旧有的习惯仍然并非易事。她首先要学会下意识地关注那些曾经被认为是自私甚至是有罪的情绪。通过认识自己的情绪，索菲开始照顾自己的需求，而不至于发脾气或情绪失控。她渐渐发现，通过触碰自己的消极情绪，她能更好地指导孩子处理愤怒、悲伤或恐惧等消极情绪。“正如飞机上的安全提示说的，你必须先给自己戴上氧气面罩，才能帮助自己的孩子。”索菲解释道。

担心情绪失控的父母如何做才能更有效地与孩子进行情绪上的交流呢？首先要明白，如果孩子做了什么让你生气的事情，你完全可以表达自己的愤怒。关键就在于，要用无害的方式表达。你在这样做的同时，也在说明两件事：（1）强烈的情绪可以通过适当的方式表达出来；（2）你对孩子的行为很重视。只要在尊重对方的前提下进行交流，你就可以通过愤怒来表达对孩子真挚的感情。我们的研究证明，父母应尽量避免使用讥讽、蔑视或贬低的方式来对待孩子，因为这些都是直接导致孩子低自尊的元凶。另外，父母应该把关注的焦点放在孩子的行为上，而不是放在他的性格上。具体而有针对性地发表评论，并告诉孩子你对他的行为的看法和态度。

此外，留意情绪激发的不同程度也很有帮助。如果你发现自己很生气时，依然可以很理智地与孩子交流，互相理解彼此的感受，那就继续保持自己的状态，告诉孩子你的想法，聆听他的回答，与他进行更多的交流。相反，如果你感觉自己因为太生气而不能清晰地思考时，不妨停下来休息片刻，等恢复平静后再说。当你感觉自己要做一些具有破坏性的事，比如攻击或侮辱孩子时，应该停下来。体罚和讥讽、威胁、蔑视或贬低类的话语都必须避免。在体罚孩子或说出伤害孩子的话之前，你应该做个深呼吸，等彼此恢复平静后再重启谈话。如果担心自己有可能在身体或心理上严重伤害孩子，你就应该去寻求相关的咨询。医疗机构或本地的热线电话或许能给你一些帮助。

最后，担心情绪失控的父母需要时常记得：宽恕能疗愈一切创伤。任何父母都会犯错，会向孩子发脾气，说一些事后会后悔的话，做一些让自己后悔的事。从 4 岁开始，孩子就能理解“对不起”的内涵。所以，当你感到悔恨时，不要错过回头修复关系的时机。告诉孩子，当事情发生时你有怎样的感受，而此刻你的感受如何。如果这样做了，你就为孩子树立了一个如何处理后悔和伤心等情绪的榜样。孩子或许能和你一起开动脑筋，想出一些避免日后再发生误会或冲突的好办法。

要常常记得，孩子永远都在渴求父母的爱与温情。修复关系对孩子来说极为重要，这给了父母许多与孩子言归于好的机会。然而，父母同时要记得，宽恕是一条双行道。父母应该懂得，孩子也有心情糟糕的时候，因而要能原谅并理解孩子的行为。只有这样，宽恕才能真正发挥作用。

培养自我情绪感知能力，是每个人一生都要学习的课题，但只要父母用心去实践，就能立刻体会到不同的意识状态带来的积极影响。一个准许自己发怒的母亲，才有可能准许儿子有同样的情绪；一个认可自己有悲伤情绪的父亲，才更可能坐下来静静聆听女儿的诉说。

测试 The Heart of Parenting

◆你的情绪感知能力如何?

通过接下来的测试，你将对自己的情绪世界有一个更详尽的了解：你是否允许自己释放愤怒或悲伤等情绪？你对情绪有什么样的感觉？在这些测试中，没有绝对的对与错，但后面的评分会帮你得出有关情绪感知能力的水平等级。只有对自己的情绪有足够的了解，你才能明白自己为什么会对他人的情绪产生某种反应，尤其是对孩子情绪的反应。

愤怒

首先，回想自己近期的生活，比如上周。回想那些令你感到紧张、沮丧、反感或者愤怒的事。与此同时，再想想生活中那些经常对你不耐烦，或表现得沮丧、愤怒或烦躁的人。想象当看到他人有愤怒、难受的情绪时，你有怎样的感受和想法；而当你自己有这样的情绪时，你的感觉如何。以下这些表述，都引自父母在我们的研究中说的话。请阅读每一个选项，决定自己是否同意这些观点。然后，选择最适合的答案。“T”表示正确，“F”表示错误，“DK”表示不知道。

问题	T	F	DK
1. 我能感受到各种不同的愤怒。			
2. 我要么很平静，要么火冒三丈，很少出现中间情况。			
3. 只要我有一丁点儿不高兴，人们都能看出来。			
4. 只要怒火刚刚蹿出火苗，我就能预感到自己要发火了。			
5. 如果别人有一丁点儿生气，我就能感觉出来。			
6. 愤怒是有害的。			
7. 当生气的时候，我感觉自己好像在嚼什么东西，绷紧下巴，咬牙切齿。			
8. 我能感觉到身体给我的愤怒提示。			
9. 情绪是很私密的，我尽量不去表达它。			
10. 我感觉愤怒会让身体和血液升温。			
11. 对我而言，感受愤怒的过程就像在给蒸汽增加气压。			
12. 对我而言，发怒的过程就像释放蒸汽，让气压渐渐减退。			
13. 对我而言，发怒就像一个不断增压的过程，很难停下来。			
14. 生气的时候，我会感觉自己快要失控了。			
15. 当感到生气时，我是在告诉别人，我不是一个任人摆布的人。			

16. 通过愤怒，我表现出自己严厉、坚决的一面。
17. 愤怒让我充满能量，它给我动力，让我解决问题，而不会被问题打败。
18. 我会压抑愤怒，不把这种情绪发泄出来。
19. 在我看来，如果压抑愤怒，就会招致灾难。
20. 在我看来，愤怒是很自然的，就像清理嗓子一样平常。
21. 对我而言，愤怒就像一个火球，随时会爆炸。
22. 愤怒，就像火焰一样，会把人吞噬。
23. 我会承受愤怒，让它慢慢消融。
24. 我认为，愤怒极具破坏性。
25. 我认为，愤怒是野蛮的。
26. 我认为，愤怒会把人淹没。
27. 在我看来，愤怒和挑衅没有多大区别。
28. 我认为，孩子生气是不好的，应该受到惩罚。
29. 愤怒能带来巨大的能量，我们应该为它找到一个出口，最好的方式是表达出来。
30. 愤怒给人带来动力和能量。
31. 对我而言，愤怒和受伤害是相伴而生的。如果我感到愤怒，那是因为我感到自己受到了伤害。
32. 对我而言，愤怒和恐惧是相伴而生的。如果我感到愤怒，那是因为我有一种不安全感。

33. 当感到愤怒的时候，我会把自己放在一个有利的位置，觉得自己充满能量；觉得在为自己出头。

34. 愤怒在绝大程度上就是没耐心。

35. 把愤怒交给时间，这就是我处理愤怒的方式。

36. 对我而言，愤怒意味着无助和沮丧。

37. 我会选择压制自己的愤怒。

38. 被别人看到自己发怒，是一件很丢脸的事。

39. 如果愤怒得以适度地控制，那它就不是一件坏事。

40. 一个人发怒时，我会觉得他在往别人身上倒垃圾。

41. 摆脱愤怒，就好像把身体里不好的东西驱赶出来一样。

42. 对我而言，表达自己的感情是一件很尴尬的事。

43. 一个健康的人是不会愤怒的。

44. 发怒，需要他人的参与和互动。

悲伤

现在，回想一下你最近一次感到伤心、失落或被拒绝的时刻。再想一想你生活中那些表达悲伤、沮丧或哀伤的人。当你或他人有这种悲伤的情绪时，你有什么样的想法和感受？阅读下面的表述，选出你认为最贴切的回应。

问题	T	F	DK
1. 总体而言，悲伤是一种有害的情绪。			
2. 人悲伤就像是生病，而从悲伤中走出来就好比从这场病中康复。			
3. 当悲伤的时候，我只想一个人待着。			
4. 我能感受到很多种悲伤。			
5. 当有轻微的伤感时，我就能察觉到。			
6. 如果对方有一丁点儿情绪低落，我就能察觉出来。			
7. 身体会给我一个响亮而清晰的信号，告诉我在这一天里我都会很悲伤。			
8. 在我看来，悲伤会带来好处，比如，提醒我该放慢脚步。			
9. 我觉得悲伤是好事，它能提醒我生活中缺少了什么。10. 当遭受损失或悲痛时，伤感是相伴而生的。			
11. 如果很快就能从悲伤中走出来，那么这种情绪就是无害的。			
12. 处理完悲伤情绪，会变得轻松许多。			
13. 悲伤无益。			
14. 根本就不存在所谓的“好好地痛哭一场”这回事。			
15. 悲伤情绪不应该浪费在鸡毛蒜皮的事上。			
16. 悲伤情绪的背后一定有原因。			
17. 悲伤意味着软弱。			
18. 悲伤证明一个人具有感同身受和共情的能力。			

19. 悲伤时，会感到无助，感到失去希望。

20. 告诉别人自己很伤心是没用的。

21. 我有时会痛快地哭一场。

22. 悲伤情绪令我感到害怕。

23. 当向别人袒露自己的悲伤情绪时，意味着我有点儿失控了。

24. 如果能掌控自己的情绪，悲伤有时也是一种愉悦。

25. 最好不要让别人看到自己的伤感。

26. 悲伤时，会感觉全世界都在围观自己。

27. 悲伤时，应该独处，就像把自己隔离起来一样。

28. 假装开心，是悲伤的解药。

29. 经过充分思考，一种情绪能转换成另一种情绪。

30. 我会强迫自己尽快从悲伤情绪中走出来。

31. 悲伤能让人反思。

32. 孩子的悲伤情绪，反映出他消极的品质。

33. 对于孩子的悲伤情绪，最好的处理办法是别去回应。

34. 悲伤的感受有时让我很反感。

35. 在我看来，情绪是常态，是生活的一部分。

36. 掌控自己的情绪，意味着积极向上，不要悲伤。

37. 情绪是私密的，是不适宜公开的。

38. 如果父母和孩子一样情绪化，他们极有可能会失去控制，甚至会动用暴力。

39. 生活中，最好不要在消极情绪上浪费太多的精力，重点应该放在加强积极情绪上。

40. 如何摆脱消极情绪？在我看来，和往常一样，继续过日子就可以了。

评分

对愤怒和悲伤情绪有良好感知能力的人，在说起这些情绪时却有着截然不同的表述。不论是在他人身上，还是在自己身上，只要有这些情绪，他们都能很快觉察到。他们对这些情绪有各种细微差别的感受，他们接纳这些情绪，把它们当成生活的一部分。相比于那些情绪感知能力较低的人，他们善于捕捉孩子细微的愤怒和悲伤情绪，并在这些情绪被激化前做出回应。

一个人对一种情绪敏感，却对另一种情绪反应迟钝，这样的情况会出现吗？答案是：这是有可能的。人类对情绪的感知能力不是只在一个维度上的，并且能随着时间的推移而发生变化。

- 愤怒。怎样评分呢？首先，这部分测试中的问题将被分成两组：清单 1 和清单 2。计算出你在清单 1 中回答“T”的次数，再计算出你在清单 2 中回答“T”的次数，前者减去后者，得出的数值越大，说明你对愤怒情绪的感知能力越强，数值越小说明你对这种情绪的感知能力越弱。

清单 1：

1，3，4，5，7，8，10，11，12，15，16，17，19，20，

29，30，31，32，33，44

清单 2：

2，6，9，13，14，18，21，22，23，24，25，26，27，28，34，35，36，37，38，39，40，41，42，43

如果你回答“DK”的次数大于 10 次，说明你真的需要在感知愤怒情绪方面下点儿功夫了。

- 悲伤。如何评分呢？同样，这部分测试中的问题也被分成两组：清单 1 和清单 2。计算出你在清单 1 中回答“T”的次数，再计算出你在清单 2 中回答“T”的次数，前者减去后者，得出的数值越大，说明你对悲伤情绪的感知能力越强，反之则越弱。

清单 1：

4，5，6，7，8，9，10，12，16，18，21，24，31，35

清单 2：

1，2，3，11，13，14，15，17，19，20，22，23，25，26，27，28，29，30，32，33，34，36，37，38，39，40

如果你回答“DK”的次数大于 10 次，说明你真的需要在感知悲伤情绪方面花点儿心思了。

自我情绪感知能力小提示

做完上面的测试后，你会发觉自己很想在情绪感知方面下点儿功夫。通常，感受自己情绪的方式包括冥想、祈祷、写日志，以及演奏音乐、画画等艺术表现形式。提高情绪感知能力需要独处的时间，而这正是现代父母常常缺乏的。但如果你提醒自己，这样做能帮你成为一个更好的父母，独处的时间就不再显得那么奢侈了。夫妻双方可以轮流早起跑步，或者周末给自己放个假。单身父母可以和别的父母配合，一起轮流看孩子，这样也能起到同样的效果。

写“情绪日记”（emotion log）也是提高情绪感知能力的有效方法，这样做能让你对自己每时每刻的情绪更加关注。在下一页的表 3-1 中，你将看到一个情绪清单，用以记录一周内出现的各种情绪。配合情绪清单，你还可以记录更详尽的日记，写下当你经历这些情绪时的感受。这些日记会让你更加关注导致这些情绪产生的事件和想法。你还记得自己最后一次生气、最后一次哭是在什么时候吗？这种感受背后的诱因是什么？有这样的情绪时，你的感觉是怎样的？你是感觉如释重负，还是感觉羞愧难当呢？你和别人说起过这件事的起因吗？这些问题就是你要在情绪日记中记录的几个方面。同样，你也可以在日记中记录你对他人的情绪有什么样的反应，比如你的孩子。每当你的孩子生气、伤心或害怕时，你都可以随笔记录下自己的反应。

> EQ 情商关键词
>
> **情绪日记**
>
> 是一种记录自己产生的各种情绪的工具，有助于提高情绪感知能力，让人对自己每时每刻的情绪更加关注。

情绪日记也能给那些对自己的情绪感到害怕或焦虑的人带来帮助。为情绪贴上标签并记录下来的过程，也是在帮你定义、接纳情绪的过程。那些看似神秘、失控的情绪，当通过某种特定的形式被呈现出来时，它就被界定了。如此，我们的情绪变得更加可控，不再那么可怕了。

表 3–1 情绪清单

第 ________ 周：

情绪	周一	周二	周三	周四	周五	周六	周日
幸福							
喜欢							
兴趣							
兴奋							
骄傲							
欲望							
爱							
被爱							
感激							
紧张							
伤害							
悲伤							
反感							
愤怒							
怜悯							
厌恶							
自责							
嫉妒							
后悔							
羞辱							

当阅读这些情绪日记的时候，留意感受发给你的各种信号，如想法、画面、词语等。你是如何形容自己的感受的？从这些隐喻性的描述背后，找出更多的深意。你是否有时会觉得自己或孩子的愤怒情绪是有害的、可

怕的？还是觉得它是一种能量的释放，能带给人力量，让人神清气爽？你愿意接纳和应对生活中的消极情绪，这种态度说明了什么？在日记中，你是否能感受到自己想去改变的态度或决心？

觉察孩子的情绪

对自己的情绪有着良好感知力的父母，能利用自己敏锐的觉察力来体会和处理孩子的感受，不论这种情绪有多么细微或强烈。然而，这并不代表有着敏锐情绪感知能力的父母会比其他父母更容易理解孩子的感受。因为孩子表达情绪的方式总是含糊不清的，容易令大人感到困惑。但是，只要能敞开心扉仔细聆听，我们总能破解孩子无意间隐藏在交流、玩耍或日常行为当中的信息。

戴维是我们亲子小组的一名成员。最近，他向我们讲述了自己是如何通过一件小事，发现 7 岁女儿卡莉愤怒的根源和真正需求的。他说当时他发现，卡莉一整天的心情都很不好，不时和 4 岁的弟弟吉米发生争执，有时甚至是无中生有，比如“吉米又在看我了”。卡莉总是把弟弟当成敌人，即便弟弟什么也没做错。当戴维问女儿为什么对个性随和的弟弟这么生气时，只得到女儿的沉默和泪水。他越是想一探究竟，女儿越是心存防备。

这天晚上，戴维走进卡莉的房间为她铺床。他看见女儿还是噘着小嘴，闷闷不乐。他打开衣橱给她找睡衣，结果发现一身干干净净的连体衣。他把这身衣服拿起来，笑着对自己瘦高个儿的女儿说：“你觉得这还能穿吗？”就这样，父女两人用剪刀把这身连体衣的袜脚剪掉，衣服又能穿了。“我简直不敢相信你长得这么快，”戴维对卡莉说，“你就要成为一个大姑娘了。”

5分钟后，卡莉下楼去厨房，和家人一起吃着睡前点心。“她看起来就像换了个人。”戴维回忆道。卡莉变得乐观、健谈，甚至还对弟弟吉米讲了个笑话。

“事情就在我们谈衣服的时候发生了转机，但连我自己都不确定它是如何发生的。”戴维对其他父母说道。和大家讨论了这件事以后，答案已经很明显了。作为一个性格敏感、严肃的孩子，卡莉一直嫉妒自己可爱、性格随和的弟弟。或许，那天她迫切地渴望自己在家中独一无二的地位能得到认同；或许，她想知道爸爸在以一种特殊的方式爱着自己，而这种方式是和爱吉米的方式完全不同的；或许，爸爸称赞她长得快，正好满足了她的内心需求。

可见，和大人一样，孩子的情绪背后也是有原因的，尽管他们通常不能准确地表达它。当我们发现孩子在因某些微不足道的事情发脾气时，他或许在提醒我们生活中存在的问题。试想一下，一个3岁的小孩不会对你说：“对不起，妈妈，我最近表现得很不乖，因为自从转到新的日托中心后，我的压力很大。”一个8岁的孩子也不会对你说：“当你和爸爸因为钱的问题争论不休时，我真的很紧张。”但这些或许就是他们的真实感受。

7岁以下的孩子在表达自己感受的时候通常不是直接的，我们需要透过他们的各种角色扮演游戏，才能破译他们真实的情感。通过角色扮演游戏，通过变换不同的角色、场景和道具，孩子们才能把自己的情绪平和地传递出来。我的女儿莫利亚4岁的时候就用芭比娃娃上演过这样的事。她躺在浴缸里，一边玩弄芭比娃娃，一边对我说："你知道吗？当你生气的时候，芭比娃娃真的很害怕。"每当我和她之间要开始一场重要的谈话时，她都会以相似的方式作开场白。接着，她谈及我生气的原因、发脾气时嗓门如何大，以及她对这一切有什么样的感受。我很高兴有这样的好机会，让我把事情和她说清楚。我对芭比娃娃（当然也是对我女儿）说，爸爸不是故意要吓她的，即便我有时会生气，但这并不代表我不爱她。因为莫利亚已经把自己的情绪转移到芭比娃娃身上，所以当我在安慰芭比娃娃的时候，其实也是在安慰莫利亚。在我看来，这样的方式非常好，能给莫利亚更多机会谈自己的感受。

当然，这些属于简单的情况，孩子们有时会把情绪隐藏得更深。比如，他们会通过玩一些包含严肃话题的游戏，如抛弃、生病、受伤和死亡等，来传递自己的情绪（孩子们喜欢模仿《恐龙战队》，想象自己具有强大的力量和魔力，也是出于这种原因吗）。对孩子的情绪保持警觉的父母，往往能通过孩子在游戏中表现出的恐惧，窥见孩子真实的情绪，继而跟进这些情绪，给孩子以安慰。孩子的紧张情绪还会通过其他方式表现出来，如暴饮暴食、胃口不振、做噩梦，或者抱怨头痛或胃痛，已经学会用便盆的孩子忽然间又开始尿床。

当你发觉孩子伤心、生气或害怕时，最好的办法是把自己置于他们的位置，用他们的眼睛观察世界。这听起来简单，但做起来并非那么容易，尤其是当你自认为生活阅历更丰富时。比如，你知道宠物死了，悲伤会被时间冲淡。然而，对一个第一次经历这种情绪的孩子来说，他从这件事中受到的打击要比你想象的更强烈。当然，你的生活阅历无法凭空消失，但要时刻记得：孩子是以一个更单纯、更脆弱、更缺少经验的个体在面对生活。

当你觉得自己的心在向孩子靠拢，觉得自己能体会孩子的感受时，你就是在共情，而这正是进行情绪管理训练的基础。如果你能体会孩子的情绪——尽管有时这样做的感觉并不好受，你就可以进行下一步了：把情绪化的瞬间当作建立信任、提供指导的好机会。

第二步：把握机会

在汉语中，“危机”一词的含义中蕴藏着“机会”。这个道理也适用于父母。不管是一只爆破的气球，或是一张不尽如人意的数学成绩单，还是小伙伴的背叛，生活中这些负面经历都是让我们进行共情，与孩子建立亲密关系，教他们如何处理情绪的好机会。

对很多父母来说，如果能把孩子的消极情绪表达当作机会，这对他们将是极大的解脱，并给他们带来意想不到的收获。当孩子生气时，我们无须把这当作是对父母权威的一种挑战；当孩子恐惧时，也不用担心自己作为父母是否不称职；当孩子伤心时，更不用把这个当成一个必须尽快处理的棘手问题。

一位情绪管理训练型父亲曾经说过，一个孩子在伤心、生气或害怕时，也是他最需要父母的时候。现在，这个观点需要再次重申。如果能在孩子悲伤时给他安慰，你就会觉得自己是称职的父母。认同孩子的情绪时，我们也在教孩子如何安慰自己，这种安慰自己的能力将让他受益一生。

很多父母都尽力避免面对孩子的消极情绪，以为它会自然消失，但事实上，根本不是那么回事。与之相反，当孩子说出自己的感受、标注自己的情绪、感到自己被人理解时，消极情绪才会逐渐消融。因此，当出现细微的消极情绪时，我们应该积极应对，避免让它升级为一场家庭危机。当 5 岁的孩子对看牙医这件事感到紧张时，你最好对这种“恐惧”情绪进行管理，而不要等他坐到口腔诊室座椅上大哭大闹时才开始有所行动；如果 12 岁的儿子妒火中烧，因为最好的朋友得到了他在棒球队渴望已久的位置，你最好帮助他把这种情绪表达出来，而不要等下周两个孩子见面时让这种消极情绪升温、沸腾。

在细微的情绪出现时，就处理它，而不是等到它进一步升级，这样能帮助我们在无须付出巨大代价的前提下，提高倾听和解决问题的能力。当孩子的玩具坏了时，当他受了一点点皮外伤时，如果你能表现出关心，你就在为彼此间的关系加分。你的孩子将知道，你是他的盟友，并将和他一起想办法解决这些问题。如此一来，当危机发生的时候，你们已经做好并肩应对的准备。

第三步：倾听与认可

当你把孩子情绪化的时刻，当作与孩子增加亲密感并教他如何解决问题的机会时，你就准备好进行情绪管理训练的下一个步骤了。这或许也是最重要的一个步骤：感同身受地去倾听。

此处讲的听并不是单纯意义上的用耳朵来收集信息。能够感同身受的听众懂得用眼睛去观察孩子行为，捕捉他们情绪发出的信号；懂得通过自己的想象力，站在孩子的立场上体会他们所处的情形；懂得用安慰性的话语、不带任何批评地去回应自己听到的一切；懂得帮助孩子标注自己的情绪；最重要的是，他们用自己的心灵去感受孩子体会到的一切。

如何才能和孩子保持在同一个情绪频道上进行交流呢？这就要求你关注孩子的身体语言、面部表情和姿势。不用说，你一定见过孩子皱起的眉头、僵硬的下巴和不安的双脚，那你清楚这些身体语言在告诉你孩子有怎样的感受吗？同时，你要知道孩子也能读懂你的身体语言。如果你是想放松、专注地和孩子交流，那你就要有相应的姿态。和他眼睛平齐，深呼吸，放松，专注。你对他的专注将让孩子觉得，你很在乎他的想法，并愿意在这上面花时间。

当孩子表达自己的感受时，家长可以通过“映射法”来回应孩子，即重复听到的话语，说出自己观察到的现象。这种方法能让孩子知道，你在很认真地倾听，并且认可他的情绪。下面就是这样一个例子：

> 这天，邮递员送来了一个包裹，是奶奶送给小弟弟尼基的生日礼物。4 岁的哥哥凯尔很生气，大声地抗议道：“这不公平！”和很多遇到这种情况的父母一样，爸爸解释道，这一切都是公平的，只是时间未到。“等你过生日时，奶奶或许也会给你寄来一份礼物。”爸爸说道。

尽管爸爸的表述清晰地解释了这件事背后的逻辑，却无疑忽略了凯尔此刻的感受。这时，除了对尼基的生日礼物感到嫉妒外，凯尔或许还因爸爸不理解自己的尴尬处境而生气。

想象一下，如果爸爸把自己观察到的简单地对凯尔做出回应，他会怎么想。“你希望奶奶也给你一份礼物。我想正是这一点让你感到有些嫉妒。”凯尔可能会想，爸爸说的对。尽管这是尼基的生日，我也应该表现得大方一点，但事实上我有点儿嫉妒。爸爸理解这一点。这样，凯尔将更能听得进去爸爸关于时间和公平的解释。

我们亲子小组的一位妈妈也有相似的经历。有一天，女儿从学校回来，对她说：“没人喜欢我。”“要我克制住内心的冲动，不去纠正她，真的很难，”那位妈妈这样说道，“因为我知道她在学校很受欢迎。而当我选择倾听，理解她的感受时，这场危机在一分钟内就能化解。我现在明白，当女儿表达情绪时，逻辑推理并不能帮上忙，最好的办法就是倾听。”

还有一个关于带着同理心倾听的例子，下面这段对话来自我们亲子小组中一位妈妈和女儿梅根。需要注意的是，在这场谈话中，妈妈最先做的事就是认可女儿的情绪。

梅根：我明天不想去学校。

妈妈：你不想去学校？这很奇怪。你平常都很爱去学校。你是不是在担心什么？

梅根：或许是吧。

妈妈：那你在担心什么呢？

梅根：我不知道。

妈妈：有些事让你感到心烦，但你又不知道到底是什么事。

梅根：是的。

妈妈：我看得出来，你有点儿紧张。

梅根（眼睛含着泪水）：嗯，可能是因为道恩和帕蒂。

妈妈：今天在学校和道恩、帕蒂发生了什么事吗？

梅根：是的。今天，在课间休息的时候，道恩和帕蒂对我爱答不理的。

妈妈：是这样啊？那你一定感觉很受伤吧？

梅根：嗯。

妈妈：这么来说，你不想去学校，是因为担心在课间休息时，道恩和帕蒂再次忽略你。

梅根：没错。每次我去找她们，她们就走开做别的了。

妈妈：天啊，如果我的朋友那样对我，我一定难受极了。

梅根：我很难受，感觉自己都要哭出来了。

妈妈：亲爱的（拥抱她），发生这样的事，我真替你难过。朋友那样对你一定让你感到很伤心、生气。

梅根：我确实有这样的感觉。我都不知道明天该怎么度过。我不想去学校。

妈妈：因为你不想看到朋友那样对你，不想因此伤心难过。

梅根：是的，她们是我的玩伴。其他人都有自己的朋友。

接下来，梅根和妈妈分享了更多关于这两个朋友的故事。这位妈妈事后对我们说，有好几次，她都有冲动告诉女儿该怎么做。她想对女儿说“别担心，道恩和帕蒂会改变主意的”或者“别管这两个女孩，去交一些新朋友”。然而，这位妈妈克制住了这样的冲动，因为她想传递自己对女儿的理解，并试着让梅根自己想出解决问题的办法。

在我看来，这是一种良好的直觉。如果妈妈直接告诉梅根别担心，或者向她暗示这种处境有非常简单的解决方法，那就等于在告诉女儿：她的困惑情绪一点儿也不重要，甚至很愚蠢。相反，妈妈的做法让梅根感觉到，妈妈是自己的知己，并因此得到了安慰。又听了几分钟女儿的叙述后，妈妈开始复述女儿告诉她的情况，并开始寻找解决问题的方法。这时，因为梅根知道妈妈完全理解自己的尴尬处境，所以也更愿意接受妈妈的建议。她们的谈话继续进行：

梅根：我不知道该怎么办才好。

妈妈：想让我帮你出出主意吗？

梅根：是的，妈妈。

妈妈：或许，你应该去找道恩和帕蒂，告诉她们你被忽略时的感受。

梅根：我可能做不到。那样太尴尬了。

妈妈：是的，我明白你为什么会有那种感觉，这需要很大的勇气。天哪，我也不知道该怎么办好了。让我再想想。（时间一分一秒地过去，妈妈一直在抚摸女儿的后背。）

妈妈：或许你什么都不用做，看看会发生什么。你知道道恩，她今天或许会很忽略你，但明天就又变回原来的样子。说不定明天她又是你的好朋友了。

梅根：万一她明天还那样呢？

妈妈：那就不好说了。你有什么想法吗？

梅根：没有。

妈妈：除了她们以外，还有别的你想一起玩的人吗？

梅根：没有。

妈妈：其他人一般都在操场上干吗？

梅根：仅仅是踢球而已。

妈妈：你喜欢踢球吗？

梅根：我从来没玩过。

妈妈：哦，这样啊。

梅根：克里斯塔经常玩。

妈妈：你是说那个你在篝火晚会上认识的朋友克里斯塔吗？

梅根：没错。

妈妈：在篝火晚会上，我看见你和她在一起玩的时候很放松，一点儿也不害羞。或许你可以让她来教你玩球。

梅根：也许吧。

妈妈：很好，这样你就有了另一手准备。

梅根：嗯，这样做可能会有用，但万一没效果呢？

妈妈：看起来你还是很担心。你还在害怕如果没人和自己玩该怎么办吗？

梅根：是的。

妈妈：有没有什么你自己一个人也能玩得很开心的项目？

梅根：你是说，比如跳绳？

妈妈：没错，跳绳。

梅根：那我就带上跳绳，以防万一。

妈妈：是的。如果道恩和帕蒂不跟你玩，如果踢球并不适合你，你可以去跳绳。

梅根：是的，这样就没问题了。

妈妈：那么你不妨现在就把跳绳装进背包里，免得回头忘了。

梅根：好的。我这就给克里斯塔打个电话，问问她明天放学后能不能过来玩。

妈妈：这个主意很棒。

通过对女儿的情绪感同身受，给女儿时间，让她自己得出结论，最后这位妈妈成功地引导女儿自己想出了解决问题的方法。

需要注意的是，当聆听孩子表达情绪时，简单地分享自己的所见所闻，往往比提出试探性的问题更有益于对话的展开。比如，如果你问孩子："你为什么感到伤心？"他可能一点儿想法都没有。作为一个孩子，他还没有经历过足够多的得与失，以帮助他进行内省和反思。所以，当你这样问时，他可能并没有现成的答案；或许是因为父母吵架而感到难过，也有可能是因为太累了，或者是担心接下来的一场钢琴独奏会，但他未必能清楚地表达出自己的感受。即使他真的想出了答案，他也会担心这个答案未必能准确地表达出自己的感受。在这些情况下，询问的语气只会让孩子无言以对。最好的办法是，重复听到的话，说出你观察到的现象。你可以这样说"你看起来很累"或者"当我提到独奏会时，我发现你皱着眉头"，等待他做出回应。

此外，还要避免提出一些你已经知道答案的问句，比如"你昨天晚上几点回来的"或者"谁把灯打碎了"，这样的问句是带着不信任的语气说出来的，并且听起来很像个圈套，好像父母在等着孩子撒谎似的。最好的方法是开门见山地说出自己的所见所闻，以顺利开启你们的谈话。比如，"我知道你把灯打碎了，我很失望”或“昨天晚上你一点钟以后才回来，这是不能容忍的”。

同样，分享自己生活中的经历和感受，也是表达理解孩子情绪的一种方式。再回到那个嫉妒弟弟收到生日礼物的小男孩凯尔的例子，想象一下，如果父亲说：“我小时候看到你玛丽姑姑收到礼物时，也很嫉妒。”这会让凯尔觉得，他的这种情绪是完全正常的，是能够被认可的，甚至连自己的爸爸都有过这样的感受。一旦感到自己被理解，他就更愿意接受父亲安慰性的解释——“等你过生日时，奶奶或许也会给你寄来一份礼物”。

第四步：帮助孩子表达情绪

在进行情绪管理训练的过程中，有一个环节很简单，但同时也至关重要，这就是第四个阶段：在孩子感受情绪时，帮他们为情绪贴上标签。在上面的例子中，父亲帮凯尔为他不愉快的感觉贴上了“嫉妒”的标签，梅根的妈妈使用了很多标签来帮女儿定义她正在经历的处境，如“紧张”“担心”“伤心”“生气”“害怕”。这些词语帮助孩子把含混不清，令人害怕、不适的感觉变成了有界限、可以被定义的事物，并逐渐认识到，它们的存在是生活中正常的一部分。每个人都会经历愤怒、伤心和害怕等情绪，并完全能够独自应对。

为情绪贴上标签这个环节离不开“共情”。当看到孩子眼睛里噙满泪水时，父母问道：“你感到很伤心，对吗？”如此一来，这个孩子不仅理解了自己的情绪，并且知道该用什么词语来表达自己这种强烈的情绪。

研究表明，为情绪贴标签这一行为对神经系统有安抚作用，能帮孩子更快地从不愉快的情绪中平复。

尽管我们并不清楚这种安抚作用是如何发生的，但我的理论是，在表达自己感受到的情绪时，需要调动掌控语言和逻辑思维的左脑，因而能帮助孩子集中注意力，恢复平静。前面已经说过，教孩子学会自我安慰将产生不可估量的效果。那些在幼年时期就能够调节情绪的孩子将表现出情商方面的优势：他们有着更好的专注力、更亲密的伙伴关系、更高的学术成就和更健康的身体状况。

所以，我建议父母帮助孩子找到合适的言语来表达正在经历的感受。这并不是让你们教孩子如何感受，而仅仅是帮他们建立自己关于情绪表达的词汇库。

孩子越能精确地表达自己的感受，对情商的促进作用就越好，所以这就要看你能否帮孩子一语中的了。当他生气时，他可能同时会感到沮丧、愤怒、困惑、嫉妒，或者被人背叛。当他伤心时，他可能还会有受伤、嫉妒、空虚、郁闷，或者被忽略的感觉。

父母要常记于心的是，情绪有时会以复合形式出现，而这对孩子来说，解读起来更加困难。一个孩子在去露营之前，既会为自己的独立感到骄傲，又担心自己可能会想家。“每个人对这件事都很期待，我却这么焦虑，”孩子可能会这样想，“我到底怎么了？”在这种情况下，父母要帮助孩子认清自己的多重情绪，并告诉他，同时感受到两种不同的情绪是完全正常的。

第五步：划定界限，解决问题

现在，你已经花时间倾听了孩子的感受，并帮助他定义、理解了自己的情绪，接下来你可能发现自己已经自然而然地进入下一个环节了：解决问题。这个环节可以分为 5 个步骤：（1）划定界限；（2）确认目标；（3）思考可行的解决方案；（4）基于你的家庭观念，评估解决方案是否可行；（5）协助孩子选择一个方案。乍一看，你会觉得这个过程相当复杂，很难上手，但实际操作起来，你将发现整个过程自然而然，每个步骤都可以轻松实现。

划定界限

对幼小的孩子而言，解决问题往往是从为正确行为和不良行为划定界限开始的。比如，一个孩子感到沮丧，用不好的行为来表达这种消极情绪，如动手打自己的伙伴、弄坏玩具，甚至骂人。对这种行为产生的背后的情绪，父母要认同，并帮孩子为它贴上标签，而在这样做的基础上，父母要让孩子理解有些行为是不正当的，也是不被接受的。接下来，父母要指引孩子想出其他更合适的方法来处理这些消极情绪。

“你很生气，因为丹尼把你的游戏机抢走了，”父母可以这样说，“如果换作是我，我也会很生气，但你动手打他就不对了。想想还有别的解决方法吗？”“妹妹比你先抢到汽车前排的座位，所以你心里很嫉妒，有这样的感觉完全没问题，但张口骂她可就不对了。你能想出应对这种情绪的其他方法吗？”

吉诺特曾经说过，要让孩子明白，自己的情绪并没问题，出问题的是他们错误的行为。对家长来说，理解这一点很重要。所有的感受、所有的愿望都是可以被接受的，但并不是所有的行为都是可以容忍的。因此，父母的任务是为孩子的行为划定界限，而非意愿。

父母应该明白，让孩子改变对某种情形的感受并非易事。孩子的悲伤、恐惧和愤怒等情绪不会因为家长说了句“别哭了”或“你不应该有那样的感觉”就会消失不见。如果我们告诉孩子应该有什么样的感受，他就会对自己真正感受到的情绪产生怀疑，而这种情形最容易造成自我怀疑，甚至让孩子丧失自尊心。相反，如果我们告诉孩子，他有权产生各种各样的情绪，但表达这些情绪的方式是多样的，这样一来，他的自尊心就会完好无损。同时，他还将明白，大人理解自己，和自己站在一边，并将帮自己从裹挟着他的情绪中解脱出来，找到解决问题的方法。

什么样的行为才是父母应该允许的呢？对此，吉诺特并没有给出清楚而明确的万能答案，因为事实本就如此；父母应该根据自己的价值观为孩子设定行为界限。但吉诺特为我们提供了如何包容孩子的指导，即他口中的“接纳孩子的天性”。比如，家长应该接受这样的事实：“如果一件干净的上衣穿在孩子身上，那它很快就会脏掉；孩子正常的活动方式是跑，而不是走；树是用来爬的；镜子是用来做鬼脸的。”接纳这些行为，能给孩子“带来自信，提高孩子表达情绪和想法的能力”。而过度纵容就是另一码事了，它意味着接受一些不好的行为，甚至是破坏性的行为。家长应该避免纵容孩子，因为这样做会“增加焦虑，增加孩子对特权的要求，而这些特权又是家长不能同意的”。

吉诺特同时建议父母为孩子的行为划分三大区域（behavior zones）——绿色区域、黄色区域和红色区域，并为几个区域的行为设定相应的规矩。

绿色区域中包含我们希望并认可的行为。这些行为正是我们想要的，所以我们会大方地允许他们这样做。

在黄色区域里，孩子的行为是我们不认可的，但如果属于以下任何一种原因，我们会选择包容。第一，初学者的偏差行为（leeway for learners）。比如，在教堂礼拜仪式上，4 岁的孩子做不到全程保持安静，但你能预期他在将来会改进。第二，艰难时刻的偏差行为（leeway for hard times）。比如，5 岁的孩子因为感冒很难受而发脾气；在父母闹离婚时，一个十几岁的孩子对妈妈表现出不尊重。尽管你不能认可这些行为，但你会继续原有的生活，容忍这些行为。同时，你应该让孩子明白你的态度，并且让他明白你这样做是因为考虑到这是特殊情况。

EQ 情商关键词

行为区域

吉诺特建议父母把孩子的行为分为三大区域：绿色区域、黄色区域和红色区域。绿色区域内为父母认可的行为。黄色区域内为父母不认可，但基于某些原因，会选择包容的行为。红色区域内为父母无论如何都不会容忍的行为。

红色区域里的行为是父母无论如何都不会容忍的行为。这包含一些伤害到孩子自身，或对其他孩子构成危害的行为；也包括那些非法的或不道德、不符合伦理、不被社会接纳的行为。

为不当行为划定界限时，父母也应该让孩子知道，遵守或违反规定会有什么样的后果。比如，好行为的结果可能是得到父母的肯定、赞扬，甚至是一些特权或奖励。相反，不良行为不会受到父母的赞许，得不到任何特权或奖励。如果父母每次都能公平、一致地应对不良行为，孩子也会配合父母，做出改进。

对于年龄较小（3~8 岁）的孩子，当他们做了错事或者行为不好时，父母经常使用一种叫计时隔离[①]的惩罚措施，孩子会被短暂隔离，不能与同伴或家人交流。如果使用得当，这种惩罚方式能有效阻止孩子的不良行为，帮助他们安静下来，换上好的状态重新开始。然而，很多父母和看护人使用计时隔离的方法都有失妥当。他们在实施隔离的过程中，还用苛刻的话语、轻蔑的态度对待孩子，让孩子受到侮辱，觉得自己不被接纳。这种贬低性的惩罚措施，不会带来任何益处。在此，我呼吁父母在使用计时隔离惩罚孩子时要慎重。

美国父母经常使用的另一个惩罚措施是体罚。1990 年，对大学生做的一项调查表明，其中 93% 的人在童年时期挨过打，10.6% 的人表示自己遭受的体罚程度已经造成了瘀伤。尽管体罚对美国父母来说很普遍，但这并不是全球统一现象。比如，在瑞典，仅有 11% 的父母体罚孩子，很多人认为这一数据与这个国家的低暴力犯罪率有直接的关系。

很多父母表示，他们打孩子是因为这样做能让孩子听话。的确，为了避免身体上的疼痛，很多孩子都会顺从父母的要求。然而，问题在于，体罚的威胁在短期内效果非常明显，能立刻阻止不当行为，但也扼杀了孩子学习自我控制和解决问题的机会。长期来看，体罚是毫无效果的。事实上，体罚往往会产生适得其反的结果，因为体罚会让孩子感到一种无力感，感到自己受到不公平的待遇，甚至对自己的父母产生愤怒情绪。在挨打之后，孩子想得更多的是如何报复，而非如何改善自身。在羞辱感的驱使下，他们做了不好

① Time-out，也可译为“坐反思角”，和“关禁闭”类似。——译者注

的行为，会否认甚至想方设法掩盖自己的行为，避免被人发现。

体罚也教孩子明白，强势的行为是帮助得到想要事物的有效途径。研究表明，挨过打的孩子更有可能动手打自己的伙伴，尤其是那些体格较弱小的孩子。体罚给孩子带来的影响是长期的。研究指出，孩子的攻击性与其所受的体罚程度成正比。这些孩子在十几岁时更有可能动手打自己的父母。成年以后，他们在恋爱时更倾向于使用暴力，或者容忍对方使用暴力。随着父母越来越年长，童年时期受过体罚的孩子更有可能对年老的双亲置之不顾。

研究证明了一个有趣的现象：一旦父母学会其他管教孩子的方法，他们会不自觉地戒掉体罚。

在划定行为界限时，懂得顾全孩子的自尊心和权益的家庭往往在情绪管理训练方面做得更出色。只要孩子理解这些界限，懂得规范自己的生活，他们就会主动避免不好的行为。只要他们学会调节自己的消极情绪，规矩和教条将逐渐变得不重要。当孩子把父母看作公平、可信赖的盟友时，他们会更愿意和父母一起探讨如何解决问题。

确认目标

在感同身受地倾听，为情绪贴上标签，划定行为界限后，父母接下来要做的是确认解决问题的目标。如果你这时觉得走这一步不太符合逻辑，那极有可能是你太急于求成了；你的孩子或许需要更多时间来表达自己的感受。但即使发现存在这样的情况，也不要灰心。只需放慢节奏，接着鼓励孩子表达自己的感受，映射你的所见所闻，共情，贴标签。这时，多问一些开放性的问题会很有帮助，比如“你觉得是什么让你伤心（生气/焦虑)?”“今天发生了什么事情?”，等等。你可以试探性地介入一些自己的想法，来引导孩子找出这种感受产生的缘由。最后，孩子就会渐渐明白，说:“现在我明白自己为什么这么难受了，我知道是什么事情让我产生这样的感受了。我该如何处理这些问题呢?”

围绕某个问题确认什么样的目标，需要倾听孩子的想法。针对这个问题，他想要得到一个什么样的结果呢？一般情况下，答案非常简单：他想修好一个往一侧倾斜的风筝；解答一道令人困惑的数学题……如果是其他情形，我们则需要进一步确认。比如，他刚才和妹妹打架了，现在需要确认自己的目标是要进行报复，还是避免日后再发生争执。在另一种情形下，你会发现自己似乎找不到任何解决问题的办法：孩子养的宠物死了；他最好的朋友搬去另一个省了；他没能得到在学校话剧表演中期待的角色。在这些情况下，孩子想要的目标可能仅仅是接受现实或寻求安慰。

寻找解决方案

接下来，我们要和孩子一起寻找解决问题的方法。对年龄小的孩子来说，想出不同的解决方案是一件很难的事，所以大人的见解和想法往往能帮不少的忙。然而，父母最好忍住这种冲动，不要急于把主动权从孩子手里抢过来。如果你真的想让孩子享受整个过程的成果，就应该鼓励他通过思考得出自己的想法。

这场头脑风暴进行得有多顺利，在很大程度上取决于孩子的年龄。10岁以下的孩子抽象思维能力都不强，所以他们很难在同一时间处理两种或以上的想法。因此，当你想出一个主意时，他们会很想立刻就实践它，而不去继续考虑其他可行的方法。在女儿莫利亚 4 岁时，她常常被噩梦中的怪兽所困扰，我还记得当时和她探讨解决方法的情景。“你可以把你的感受画出来。”我建议道，接着就看到女儿飞快地跑去找她的画笔。因为不想打击她的热情，我可能需要一个接一个地尝试不同的解决方法，然后让她根据实践经验，决定哪种方案是最好的。

为了向小孩子展示不同解决方法会产生什么样的效果，角色扮演和表演游戏不失为一种方便而有效的方式。父母可以通过自己的表演，或者借助木偶和玩具娃娃，来演示同一个问题的不同解决途径。小孩子的思维模式往往是非黑即白的，通过表演来展示两种截然不同的情形对孩子的理解很有帮助。一种代表正确的解决方法，另一种代表错误的解决方法。比如，两个木偶因为一个玩具而发生争执。在第一种情况下，一个木偶没有经过对方允许，直接从另一个木偶手里抢过玩具。在第二种情况下，其中一个木偶建议两人轮流玩这个玩具。

对大孩子而言，就可以使用更传统的头脑风暴法了，你和孩子可以尽可能多地想出各种各样的解决方法。为了鼓励创意，从一开始就要告诉孩子，没有什么方法是愚蠢的，只有等到所有的方案都摆在桌面上，你们才会开始选择哪个方法更有效。你可以把你们想到的任何方案都用笔记下来，这样做也是在告诉他，你对这个过程很重视。

在你们寻找解决方案的过程中，有一种技巧非常有利于孩子进步，就是把过去的经验和好的办法与目前正在面临的处境联系起来。你可以提起过去的一个成功案例，然后鼓励他根据这个经验找出相似的解决方法。

最近，我正好有机会在莫利亚身上试验这个方法，她当时正因为和幼儿园小朋友的关系而烦恼，已经烦恼到都不想去上学。我决定不去教她该怎么办，而是倾听她的想法。我所做的只是提供信息，带领她以新的视角来审视自己的处境。我们的对话大致是这样进行的：

莫利亚：我不想去学校，因为在游泳课上我们要选搭档，玛格丽特总要和我做搭档，但我其实更想和波莉做搭档。

我：看得出来，这件事很让你心烦。

莫利亚：是的，真郁闷。

我：你想怎么做呢？

莫利亚：我不知道。我挺喜欢玛格丽特的，但我不想总和她做搭档。或许，在她请我做她的搭档之前，我可以先抓住波莉的手。

我：很好，这也是个好主意。你需要动作很快，但我想你应该能做到。

这时，我很想跳出来说出自己的见解，但我意识到这样做不能真正帮到莫利亚。所以，我最好保留自己的想法，继续对莫利亚进行情绪管理训练，让她从自己的视角，结合自己的经历，找出解决问题的方法。接下来，我们的对话是这样进行的：

我：你能想到别的方法吗？

莫利亚：想不出来。

我：那好，我们接着讨论。你感觉很烦恼、很沮丧。你以前有过这样的感受吗？

莫利亚：嗯，有差不多的感觉，比如当丹尼尔老拽我的头发时。

我：噢，我记得那件事。当时你是怎么做的？

莫利亚：我告诉他，我希望他别再这样做了。如果他不听，我就会告诉老师。

我：你从那件事情上得到什么启示了吗？

莫利亚：或许，我可以和玛格丽特说，我最近不想做她的搭档。我会告诉她，我还想和她做朋友，但我有时也想和波莉做搭档。

我：很好。现在你有两个解决方案。我就知道你能想出好办法。

结合家庭价值观，检验解决方案

现在，可以检验你们想出的所有方案是否可行，决定哪种可以去尝试，而哪种可以被剔除。鼓励你的孩子逐一考虑每个方案，你可以这样问：

“这个方法合理吗？”

“这个方案会成功吗？”

“这样做安全吗？”

“别人会有什么样的感受呢？”

比如，如果莫利亚提议休学一天，待在家里，回避在学校和谁做游泳搭档的问题，我会指出这种方法并不可行，因为她第二天回到学校依然会面临同样的问题。通过与孩子的讨论，父母也有机会再次向孩子强调家庭观念和价值观。我可能会告诉她：“我们觉得，与其躲在家里，不如去面对问题。”同样，我还可以借助这个机会来提升莫利亚身上善良的品质。“听到你说你会告诉玛格丽特依然想和她做朋友，我很高兴。我觉得能时刻考虑朋友的感受，这点很可贵。”

帮助孩子选择解决问题的方案

你已经和孩子一起研究了这些方案会产生什么样的效果，现在，要鼓励他选出一到多个方案，并且付诸行动。

你很想鼓励孩子自己做出选择，但这其实也是一个分享自己见解、提供指导的好机会。这时，你完全可以把童年时自己处理类似情景的经验分享给孩子。你从自己的经历中学到了什么？你犯了什么样的错误？你做的哪些决定让你引以为豪？让孩子在情景中体会你教给他的价值观，比列出一堆抽象而又离生活很远的理论要更有效果。

尽管你想帮孩子选出正确的方案，但要懂得孩子也需要在错误中学习、成长。如果孩子倾向于选择一个不会成功但亦无害的方案，那不妨让他试一试。如果失败了，鼓励他接着尝试下一个方案。

如果孩子选定了方案，你要帮助他安排好更具体的计划，让方案顺利进行。

例如，因为做厨房家务而产生争执的两兄弟设计了一个分工合作的方案。父母应鼓励他们设计出更细致的规则，分配具体任务，规定时间（贾森负责晚饭的餐具，乔舒亚负责中饭的餐具。一周以后，两人互换职责）。安排计划后检验方案在实践中效果如何，也是一个不错的方法。比如，两人同意，在试验这个方案一个月后，两人再坐下来一起讨论该方案的可行性，如果有需要，可以做出必要的修改。这样一来，孩子明白，方案是可以修正的，并且能在实践中越做越好。

如果孩子选择的方案最终没有成功，要帮他分析失败的原因。接下来，你们可以重新选择解决问题的其他方案。这个过程将让孩子明白，废弃一个方案并不代表自己的努力完全是徒劳的。要让他明白，这是学习过程的一部分，每一次调整都让他离成功更近一步。

高情商教养要点 EQ

- 父母应该把关注的焦点放在孩子的行为上，而不是放在他的性格上。具体而有针对性地发表评论，并告诉孩子你对他的行为的看法和态度。
- 当孩子表达情绪时，逻辑推理并不能帮上忙，最好的办法就是倾听。
- 当倾听孩子表达情绪时，简单地分享自己的所见所闻，往往比提出试探性的问题更有益于对话的展开。

- 要让孩子明白，自己的情绪并没有问题，出问题的是他们错误的行为。

- 体罚的威胁在短期内效果非常明显，能立刻阻止不当行为，但也扼杀了孩子学习自我控制和解决问题的机会。长期来看，体罚是毫无效果的。

04

情绪管理训练的策略

让情绪表达更有效

在日常生活中经常练习情绪管理训练的5个步骤，你和孩子都会变得越来越精通，对情绪的感知能力都将会得到提高，并且你们会更加愿意表达情感。你的孩子也将逐渐体会到与情绪管理训练型父母共处所带来的益处。

然而，这并不意味着情绪管理训练的过程会一帆风顺。每个家庭都会不可避免地碰上一些阻碍。有很多次，你很想和孩子进行情绪上的沟通，却苦于不能收到孩子情绪苗头发出的信号。又有时，不论你说什么、做什么，似乎永远都不能将想要表达的信息传递给孩子。你会觉得，他在自己的世界里迷失了，而你就像在和墙壁讲话。

在这一章中，我们将提供一些情绪管理训练的附加策略。如果你的家庭存在上述问题，你会发现这些策略很有帮助。这些策略基于我们在亲子小组、临床工作以及观察性研究等方面的成果。在这一章中，你还将了解一些不太适合父母进行情绪管理训练的情景。在这些情况下，父母最好推迟情绪管理训练，尝试使用别的技巧。最后，在这一章的结尾部分，你将看到一份帮你评估情绪管理训练技巧的测试，这能帮你提高在情绪管理训练方面的技巧。

情绪管理训练的附加策略

避免过度批评、羞辱或嘲笑你的孩子

我们的研究表明，这些贬低性的表达方式对父母与孩子间的交流极为有害，对孩子的自尊心也是一种很大的打击。

在对家庭所做的实验研究中，我们发现很多父母都在采用不同的方式对孩子进行语言暴力。比如，父母会用轻蔑的语气逐字重复孩子的话语（“我不记得那个故事了。”孩子说。“你不记得了？”父母嘲讽地回应道）。在电子游戏环节的实验中，有些父母对孩子所犯的错误过分在意，对每一次错误都不放过，猛烈地批评孩子，让孩子难以承受。还有一些家长甚至把孩子一把推开，代替他们进行游戏，借此表达他们对孩子能力的不信任。在我们的采访中，有些家长表示，面对自己学龄前孩子的脾气，他们时常一笑了之。

三年后，当再度回访这些家庭时，我们发现，这些不被父母尊重的孩子都表现出相同的特征。这些孩子学习成绩低下，和朋友们相处得不好。

我们在他们的尿液中检测到更高水平的压力激素。据他们的老师报告，这些孩子表现出更多的行为问题；据他们的母亲反映，这些孩子生病的次数更多。

这种负面的、贬低性的教养方式在实验研究中很普遍，在现实生活中也不鲜见。通过不停地纠正孩子的行为举止，嘲笑他们所犯的错误，在孩子尝试完成一项简单的任务时强势介入，这些父母无时无刻不在削弱孩子的自信心。他们无意中给幼小的孩子贴上了很多标签，这些标签凝固在孩子的脑海里，挥之不去（鲍比“很好动”，卡莉“很安静”，比尔“很懒”，安吉是“我们的小傻瓜”）。父母当着其他大人的面取笑孩子，这样的事情也很常见。当孩子伤心时，父母也会嘲笑着说：“别像个小孩子。”

一个显而易见的事实是，真正体会到孩子感受的父母决不会那样奚落孩子。然而，我们的研究表明，即使被称得上是情绪管理训练型的父母，有时也会不自觉地贬低孩子。所以，我要再次呼吁父母对自己这种隐性习惯保持警觉，避免批评、嘲讽或贬低孩子，别拿孩子开玩笑。当他们学习新事物时，给他们时间和空间，哪怕他们会犯一些低级的错误。与孩子交流时，针对具体的行为，而非用粗线条来勾勒他们的形象，避免为孩子的品格贴上标签。对他说“别在奶奶家的家具上登梯爬高”，而不是“你这家伙真烦”。

虽然有些孩子脸皮很厚，常常对父母的嘲讽和批评采取隐忍的态度，但他们毕竟也是有血有肉的人。孩子试图从父母身上得到身份认同感，他们相信父母口中说出的每句话。如果父母常用嘲笑、苛刻的评论或强势介入的态度来贬低或羞辱孩子，孩子会逐渐失去对父母的信任。缺少了信任基础，彼此的亲密感也会不翼而飞，倾听将变成辩论会，共同解决问题的愿望将不可能实现。

使用“鹰架式教育”，通过称赞的方式，对孩子进行引导

在电子游戏实验环节，我们发现，情绪管理训练型父母成功地使用了一种“鹰架式教育”（scaffolding）的技巧。他们对待孩子的方式与上面提到的过分苛责的父母形成了鲜明的对比。首先，情绪管理训练型父母会用平静、沉着的语气，告诉孩子开始游戏前所必需的基本信息。然后，他们等着孩子做出行动，然后针对其表现给出具体而非泛泛的称赞。比如，一位父亲说：“好样的！在最关键的时刻成功按下按钮！”在教育孩子时，这种有针对性的称赞方式比宽泛的夸奖更有效果，比如：“太棒了！你已经掌握这个游戏的要领了！”在进行小小的夸奖后，这些父母会进一步给孩子提供恰到好处的提示。然后会重复以上的步骤，和孩子一起递进式地掌握更多游戏技巧。我们把这种教育方式称为“鹰架式教育”。这些父母通常会借助小小的成就来鼓舞孩子的自信心，带他实现下一个阶段的进步。

> EQ 情商关键词
>
> **鹰架式教育**
>
> “鹰架”原意是建筑业使用的脚手架，这里用来比喻对孩子解决问题和建构意义起辅助作用的概念框架。

相比于那些过分苛责的父母，情绪管理训练型父母很少通过指责或羞辱的方式来教育孩子。他们更不会强势介入游戏，抢过来自己玩。

在鹰架式教育中，情绪管理训练型父母使用的平静、沉着的语气，可以媲美美国儿童节目《罗杰斯先生的邻居》(*Mister Rogers' Neighborhood*)中主持人对孩子说话时的语气。相比起来，《罗杰斯先生的邻居》这一节目与美国另一档著名的儿童电视节目《芝麻街》(*Sesame Street*)有着很大的不同。《芝麻街》借助鲜亮、机智的人物角色和较快的节奏迅速抓住并保持孩子的注意力；而《罗杰斯先生的邻居》则是用平和、温柔的话语与电视机前的孩子直接对话，这让孩子很容易跟上它的节奏。《芝麻街》通过机械式地重复来教孩子识记数字、字母等知识。但《罗杰斯先生的邻居》中柔和、安慰性的话语，则更适合教孩子懂得感受、行为等更为复杂的概念。

忽略你的“养育任务”

情绪化的时刻，往往也是父母进行共情，与孩子建立感情联结，对孩子进行指导的绝佳时机。然而，对于一些父母来说，这却是一个真正的挑战，因为他们脑海里装着自己的“养育任务”(parental agenda)——当孩子生活中出现某个具体问题时，父母认为孩子必须达到某种特定的目标，因为这个目标关系到孩子未来的成长。这些养育任务往往关于塑造孩子可贵的品质，如勇敢、节俭、善良、自律等。这些“养育任务”在不同的孩子身上有不同的体现。例如，父母会担心自己的一个孩子太强势，而

> EQ情商关键词
>
> **养育任务**
>
> 指当孩子生活中出现某个具体问题时，父母认为孩子必须达到某种特定的目标，因为这个目标关系到孩子未来的成长。

另一个孩子太怯懦；有些父母觉得自己的孩子太懒惰，不守纪律，而有些父母觉得自己的孩子太较真，缺乏幽默感。当父母的大脑中充斥着这些“任务”时，他们就会忽略具体的问题，而过分关注孩子的每一个行为，并在孩子做事的过程中，不断地去纠正孩子。而一旦孩子的行为与自己心中的“养育任务”发生冲突时，警觉的父母就会认为，在这个时刻自己有必要向孩子传达自己的观点，甚至觉得这样做是一种道德职责。他们会说：“就是因为你总是疏忽大意，所以才又一次忘记喂猫，你这样做太残忍了。”或者“就是因为你太冲动了，所以才用大学学费去买音乐会门票，你真愚蠢。”

当然，我赞成父母与孩子分享自己的价值观，这是教育孩子过程中非常重要的一个环节。然而，父母要知道，如果不能通过微妙的方式传达自己的养育任务，它很可能成为父母与孩子之间亲密关系中的一个极大障碍。养育任务让父母无法感同身受地倾听孩子的诉说。在这种情况下，养育任务反而会起到反作用，导致父母无力影响孩子的决定。

在我们的亲子小组中，简是一个敏感、有责任心的妈妈。9岁的儿子安德鲁常常心情悲观，她因此一直很担心。她知道，安德鲁总是主动扮演“受害者”的角色，因此很担心这会影响到他与周围人的人际关系。当有一次安德鲁和妈妈提起了自己和姐姐的争吵时，简的养育任务就浮现了——要求安德鲁在与姐姐相处时要有更多的责任感。

“亲爱的，发生了什么事？”简问道，“你看起来有点儿难过。”

“我只是希望自己有一个更友好的姐姐。”安德鲁回答道。

“好吧，那你觉得自己对她友好吗？”简这样问道。

想象一下，当听到妈妈这样反问自己，安德鲁会怎么想。这位妈妈表面上装作很关心孩子的感受，但儿子一开口，她就用批评来回应他。的确，这是一个温柔的、出于好意的批评，但对孩子来说依然是批评。

现在，设想一下，如果简以“我理解你有时为什么会那样想”来回应，安德鲁会有什么样的感受。这样的话语，让安德鲁感到妈妈关注的焦点是自己的悲伤情绪，妈妈要和自己一起面对这些情绪，找出解决与姐姐之间的问题的方法。但事实上，简却直接对安德鲁进行了指责，这种行为只能让他对姐姐的敌对情绪更加强烈，更不愿意对自己的角色有所担当。

艾丽斯·吉诺特–科恩（Alice Ginott-Cohen）表示，在孩子做出了不好的行为，父母需要和孩子谈话时，养育任务也会成为他们与孩子沟通的“拦路虎”。艾丽斯是家庭治疗师，曾和已故的丈夫海姆·吉诺特一起对千万家庭进行指导及教育。艾丽斯建议父母应该首先认同孩子不良行为背后的情绪，然后再针对孩子的行为进行谈话。

为了发现不良行为背后隐藏的情绪，父母应尽量避免一些不恰当的问题，如“你为什么那样做”，这听起来很像在指责或批评孩子。听到这样的问题，孩子极有可能会更加防备，而不愿意提供有效的信息。相反，父母应该试着用一种更关切的方式，了解他做出这些行为时的感受。

的确，面对孩子的不良行为时，忽略自己的养育任务真的很难，尤其是当你感到说教式的话已经到嘴边时。然而，只关注孩子的行为，而忽略其背后的情绪，这种做法往往不会带来效果。这就好像当孩子发热时，用冰块冷敷去控制额头的高温，而不去理会孩子生病的原因一样。

看看下面这个例子：一位妈妈来托儿所接3岁的儿子，到的时间比平时晚了1小时。平日里，这位妈妈就常说自己的孩子很“倔强”。这天，孩子表现得怒气冲冲，拒绝穿上外套出门。现在，这位妈妈面临两种选择：责骂孩子，让他顺从；或者停下来，想想今天的情况，试着理解孩子为什么会这样情绪化。如果选择后者，妈妈可能会说：“妈妈今天来晚了，是吗？你的朋友们大多都已经回家了，这让你有点儿担心，对吗？”孩子在听到自己的焦虑感和紧张感被认同后，可能会感到如释重负，给妈妈一个拥抱。关于穿外套的争执就会化解，两个人会很顺利地出发回家。

为了与孩子顺利建立起感情联结，这位妈妈需要忽略自己的长期养育任务，也就是让儿子不那么“倔强”，更乐意配合。大多数情况下，当孩子不听话时，父母都很难做到这一点。他们会紧抓着养育任务不放，表达自己对孩子自身存在问题的担忧，好像那是一种长期存在的性格瑕疵。他们会批评孩子的性格：安德鲁太敏感了，珍妮特太霸道了，鲍比太羞涩了，萨拉太疏忽大意了。这些标签会成为父母与孩子共情的障碍。对幼小的孩子而言，这些标签会带来毁灭性的伤害。因为这些孩子会相信父母说的话，把父母的观点当作一种神圣的预言，甚至会试着满足父母的预期。

作家克里斯托弗·哈洛韦尔（Christopher Hallowell）在回忆录《男人眼中的父亲》（*Father to the Man*）一书中，回忆起童年时父亲教自己做木盒子的情景。“如果你不能建一个结实的盒子，”父亲说，“你就什么都建造不了。”费了一番功夫后，哈洛韦尔做好了一个盒子，但它并不稳固。追忆这件往事时，哈洛韦尔这样写道：“每一次检查这个盒子，父亲都会愁容满面地说道：‘它还是不结实。除非你把每样东西都做得牢固，否则你就不可能成为一个优秀的建筑师。’最后，父亲放弃了，不再皱眉，也不再过问关于盒子的事。很多年过去了，我一直用这个盒子装着七零八碎的物品。每一次打开盒盖，我对它都有一种特殊的感情。与此同时，我脑海里又浮现出父亲那不赞许的表情。”

对这位伟大的作家来说，和父亲不愉快的交流成了他与父亲关系中持久的记忆。对我们而言，哈洛韦尔的经历也是一个很好的提醒，让我们常常记得，父母的批评将对孩子产生深远的影响。

作为父母，没有人愿意看到孩子做出一个松松垮垮的木盒子。我们既不想让自己的孩子懒惰、孤僻，也不希望孩子蠢笨、怯懦，更不希望他们好斗或欺骗他人。然而，我们更不会希望孩子按照以上这些标签来定义自己。如何才能避免使用这些负面标签呢？答案就在于，父母在批评孩子时，应该避免使用一些宽泛、持久的批评。当指正孩子时，应该关注于生活中此时此地正在发生的具体事件。不要对孩子说“你真马虎，粗心大意”，而要说“你的房间里到处都是玩具”；不要说“你阅读速度真慢”，而要说“每天晚上阅读 30 分钟，你看书的速度就会提高”；不要说“你那么羞怯干吗”，而要说“如果你说话声音大一点儿，服务员就会听见”。

在脑海中绘制一份孩子日常生活的地图

孩子不可能每次都能巧妙地表达自己的情绪。孩子可能会看起来很不高兴，却没有能力告诉你他自己的感受，说不上来心情为什么会这样糟糕。当这种情况发生时，最好的办法是了解孩子生活中的人和事，熟悉他经常出没的场所。这样做的同时，你也在告诉孩子，他的世界对你来说很重要。这将让他感觉和你更亲近。

我喜欢把这种基本知识的结构称作一种“地图”，一种父母刻意绘制在脑海中的地图。当联想到这幅地图时，父母会说：“这是我家孩子的小世界，那些就是这个小国度中的居民。我知道他们的名字、面孔和性格。我也知道我的孩子对他们的感觉。这些是他最好的朋友，那个人是他的仇敌。我的孩子觉得这个老师人很好，那个教练很有趣，而那个老师却经常吓唬他。这是他校园的布局，我知道他待在哪儿感觉最舒服，也知道他在另一个地方会面临什么样的危险。这是他一天的日程表，这些是他最喜欢的学科，而那几门却令他头大。”

在脑海中绘制一幅关于孩子情绪世界的地图，需要投入很大的精力，有很多细节需要费神思考。父母需要花时间了解孩子的日托中心或学校，参与孩子的课外活动。他们需要常常和孩子聊天，了解孩子的朋友和老师。和许多真实社区的地图一样，这张地图也需要定期更新。但这些努力都是有回报的，这张地图资源将为父母提供很多有用的基础信息，让他们与孩子沟通时更得心应手。

避免和“敌人”站在一边

当孩子感觉受到不公正的待遇时，他们会向自己的父母寻求安慰、理解和支持，这正是进行情绪管理训练的好时机。然而，如果父母不小心犯了“和敌人站在一边”的习惯性错误，他们就会错失良机。要避免这种情况的发生，对父母来说是一项不小的挑战，尤其是当孩子的“敌人”是老师、教练、老板或其他孩子的父母等大人时，父母总是会不由自主地和“敌人”站在一边。

想象一下这种情况：一个体形肥胖的女孩回到家，闷闷不乐的，因为她的舞蹈教练不留情面地评论了她的体形。如果她的妈妈因为着急想让女儿节食减肥，她可能会迫不及待地表示认同老师的说法。这样一来，女孩就会觉得全世界都在和自己过不去。然而，如果妈妈懂得共情，这样对女儿说："发生这样的事，我真的很为你难过。你一定感到很尴尬，很伤心。"这样的话语能让女儿和妈妈的心灵更加靠近。如果妈妈能继续以这样一种共情和支持的姿态来与女儿交流，或许小女孩真的会愿意让妈妈帮她想想办法。

然而，如果你就是孩子眼中的"敌人"、孩子愤怒的对象，该怎么办呢？在这种情况下，共情依然能发挥良好的作用，尤其是当你对孩子坦诚相待，不为自己做任何辩护的时候。比如，你对孩子宣布，在成绩回升以前禁止看电视。孩子对此极为生气，而你知道自己绝不会改变主意。这时，你可以对他说："我理解你为什么那么生气。如果换作是我，我也一样会生气。"

发生冲突时，父母诚实、开明的态度，能鼓励孩子说出自己的想法和感受。如果父母能这样说："在这件事上，或许我真的做得不对。作为父母，我的言行不是每次都正确。我很愿意听听你的想法。"这实际上也在邀请孩子参加辩论，表达自己的不同意见。很多父母都觉得自己很难放下姿态、卸掉防备，但一旦真的做到了，你就会收到回报：在孩子眼中，你是一个注重公平并愿意倾听的家长。

要记住，你们的谈话目标并不是为了达成统一意见，而是为了交换对彼此的理解之情。如果你的孩子忽然说"乘法表真弱智"或"打鼻环很有型"，你会有冲动，想要发表一通纠正他观点的长篇大论。然而，如果你的回应能开启一段对话，将起到更好的效果。听到上面的话语，你可以说

“我学乘法表那会儿也很头大”或者“我一点儿都不觉得带鼻环有什么好看的，你为什么会喜欢呢”。

将孩子的经历转化为成人相似的经历

这种转化经历的技巧适用于父母感觉很难与孩子共情的时刻。你或许认为孩子在为一些鸡毛蒜皮的事紧张，或认为那是孩子气的表现。比方说，当他站起来回答问题时，同学弄坏了他的眼镜；或者他在为即将到来的夏令营的第一天感到担心。因为你心里知道他一定会扛过这些小事（还有很多其他事情），你会很想轻视或者忽略他的感受。尽管这种回应方式很符合你的意愿，但却不会令孩子感到好受。事实上，这样做还会让他们原本糟糕的心情变得更差，因为他们会感觉父母不理解自己，并且认为自己的样子很蠢。

而如果你能把孩子的处境，转化成大人相似的处境来理解，这种思维方式能让你更加理解孩子经受的一切。想象一下，当你站起来准备做销售报告时，却无意间听到一个同事在下面议论你的穿衣打扮，你会有何感受？你还记得参加新工作第一天紧张的心情吗？

在《如何说，孩子才能和平相处》一书中，阿黛尔·法伯和伊莱恩·玛兹丽施也是通过这样的方式，教父母体会孩子在迎接家庭新成员时的嫉妒心情。想象一下，你的爱人带回家一个新情人，宣布你们三人将幸福地生活在同一个屋檐下。

当孩子遇到问题时，不要把你的解决方案强加给他们

当孩子伤心或生气时，父母迫不及待地把脑海中跳出的解决方案告诉

了他。这种表面上看似直截了当的方式，会让情绪管理训练刚一开始就发生短路，最终以失败告终。

为了理解这一点，不妨想象一下婚姻生活中经常发生的一幕：妻子下班回到家，因为刚刚在公司和同事发生了一场争执，心情非常烦躁。丈夫分析了妻子面临的问题，不出几分钟的时间就想出了解决问题的方案。然而，妻子不但没有感激丈夫提供的建议，心情反而更糟糕了。这是因为，丈夫的回应方式并没有让妻子感到他理解自己，知道自己有多么伤心、愤怒和沮丧。他仅仅是向妻子证明了问题有多么容易解决。在妻子听起来，这无疑是在暗示她的脑袋不够灵光，暗示自己早就应该想出这样一个答案。

想象一下，如果丈夫没有立刻说出自己的建议，而是抚摸妻子的后背，安慰她，妻子一定能好受许多。当抚摸妻子时，他也了解了这件事的来龙去脉，以及妻子对这件事的感受。倾诉完以后，妻子会主动寻找解决方案。这时，因为她对丈夫很信任，心情也因为丈夫的关心而逐渐平复，她会愿意听听他的见解。最后，丈夫有机会说出自己的建议，而这时妻子也更能听得进去他的建议。她不但没感觉受打击，还会因为感受到丈夫的支持，身心充满能量。

父母与孩子的相处也是基于同样的道理。当孩子不肯接受父母主动提供的建议时，父母经常感到很受打击，尤其是当考虑到自己有更多的生活经验和智慧要与他们分享时。然而，孩子通常不会按照这种方式学习和成长。在与孩子共情之前，直接让孩子接受你提供的建议，无疑等同于在地基还未打好之前就开始建房屋的主体结构。

给孩子选择的权力，尊重他的意愿

在成人的世界里生活久了，我们就常常会忘记，孩子感觉自己是多么的无助。但是，如果你能通过他们的眼睛看待生活的世界，你就会发现，这个社会无时无刻不在要求孩子遵从大人的意愿，配合社会既定的秩序。对年龄较小的孩子来说，他们对自己的生活几乎没有丝毫的掌控权。熟睡的孩子从睡梦中被叫醒，被大人开车送去日托中心。听到铃声，操场上的孩子们快速奔跑至教室门前，排好队一个接一个地进入教室。父母给孩子下令“不清理干净盘子，不许吃点心”，又或者“穿成那样，不许出门”。还有那句经典的：“因为我是那样说的，所以你要那样做。”你能想象，如果这个听众是你的配偶或者朋友，情况会怎样吗？

我并不是说，要求孩子遵从、配合的做法是不正确的。为了孩子的安全与健康，也为了让父母安心，孩子当然不能在家庭中占主导地位。但据我的观察，父母常常会忽略孩子正当的兴趣爱好或者合理的要求，加深孩子的无助感。当然，很多情况下，父母并非故意这样做，而是因为时间仓促，或者承受的压力过大。“不行，你不能再玩颜料了。我刚刚收拾完，现在也没有时间了。”

然而，大多数情况下，父母要求孩子配合，这种对孩子顺从性的过分强调，意味着孩子的愿望和选择权通常会被忽视；很多孩子甚至连一些基本的选择权都没有，如穿什么衣服、吃什么、怎么安排自己的时间。这些孩子长大以后，大都对自己喜欢什么、不喜欢什么没有强烈的意识；有些甚至永远也学不会如何做选择。而所有这些都会阻碍孩子学习为人处世的能力。

孩子需要通过练习，权衡自己的选择，找出解决方法。他们需要知道，如果按照家庭规矩做事，结果是什么样的；而如果违反了这些规矩，又会发生什么。给他们犯错的机会，尽管这些错误有时是痛苦的，但借助情绪管理训练，父母能把这些错误当成给孩子提供指引的绝佳时机。

父母应该知道，孩子越早学会表达意向、做出选择，对孩子而言就越好。因为一旦孩子到了青春期，他们就有了更多的自由，同时也面临着更多的风险，这时如果做出不负责任的决定，就会让孩子置身危险之中。

父母允许孩子做选择，除了赋予孩子责任感以外，还在帮他们建立一种自尊感。如果父母总是限制孩子的选择权，孩子就会得到这样的讯息："我是个小孩子，我的愿望是不被重视的。"如果说这种方式真的有效的话，那只是让这个孩子变得顺从、配合，却对自我认同感完全没有头绪。

的确，给孩子选择权，尊重他们的意愿，做到这一点需要时间和耐心。我们在前面的章节中说过，一位研究者发现，学龄前孩子平均每 20 秒就会向父母（或养育者）提出一个要求。当然，你不需要回应所有的要求，尽管其中大部分要求对父母来说都是举手之劳。比如，女儿想让你帮她整理下盘子，别让豌豆和土豆粘在一起；儿子想再看一遍《芝麻街》里的大鸟，请求你先不要换台；女儿不想让你买带坚果的冰激凌；儿子想让你把门厅的灯开着。你相信吗？当他们提出这样的请求时，如果你能聆听并给他们一句赞许，将对孩子产生深远的影响，因为孩子的身份感正在通过这些选择和取向而被塑造起来。当愿望得到父母的肯定时，他们会想："我的想法爸爸妈妈原来很重视，我的感觉对他们来说很重要。"女儿会这样对自己说："没错，这正是我喜欢的方式。我是那种不喜欢盘子上的食物乱作一团的小孩儿。我有能力让这盘食物变得美味。”时间长了，得到多次肯定以后，孩子将变得更加自信。他们会想“在攀爬架上，我是那种喜欢挑战自己的人”或者“我是一个喜欢数学的人”。

所以，如果下次孩子对你提出一个小小的要求，不管它看起来有多么渺小或孩子气，请不要尝试和他进行一场意志的较量。相反，问问自己，接受这个请求，真的有那么难吗？何况这样做还能让孩子受益，帮助他形成一种自我认同感。

分享孩子的梦想与渴望

这种技巧能轻松地帮你和孩子处在同一个频道上，让共情这一过程变得简单，尤其适用于当孩子表达一种没有可能实现的愿望时。

例如，十几岁的儿子对你说，他想要一辆新的山地自行车，你却担心是否有预算满足他的愿望。如果你和许多家长一样，听到这些话的第一反应便是反感，你就会想告诉孩子：“别忘了，我去年已经给你买过一辆赛车了。难道你认为我是摇钱树吗？”

现在，不妨想象一下，如果你花一丁点儿时间体会他的愿望，跟着他的渴望去幻想。你或许就会这样回答：“是的，我能理解你为什么渴望拥有一辆山地自行车。你想骑上它出去兜风，是这样吗？”你甚至还可以进一步幻想：“如果身边的好朋友每人都有一辆山地自行车，该多好啊！想象一下，如果爸爸能带你们这帮小家伙去露营一个星期，该有多棒！我们会带上帐篷、渔具……”

说到这里，你就可以在谈话中带他探索露营的美妙，这时，你的故事中还有没有山地自行车已经不重要了。当然，你依然可以向他说明，你不会花钱给他买山地自行车。你也可以和儿子一起进行头脑风暴，想出一些挣钱购买山地自行车的方法。这个过程中最重要的是，儿子知道你了解到了他的愿望，并认为他的需求是正当的。

对孩子要诚实

说起来，父母是否在说实话，很多孩子似乎都有一种第六感，尤其是对自己的父亲。因此，情绪管理训练不应该只停留在鹦鹉学舌的阶段，如反复重复“我理解”或“如果换作是我，我也一样会很生气”。当然，你依然可以这样说，但如果那不是你的心里话，那么它不会让你和孩子的距离拉近哪怕一点点。事实上，这种表面的敷衍，会让孩子逐渐失去对你的信任，让你们的关系产生隔阂。所以，父母应该在理解孩子的基础之上说出“我理解你”这样的话。如果还不太确定是否理解孩子，你不妨采用映射的方法回应孩子，重复孩子的话语，说出自己看到的现象，问几个问题，保证彼此的交流是敞开的。但最重要的是，千万别在孩子面前作假。

和孩子一起阅读

从婴儿期到青春期，高品质的儿童图书是父母教孩子认识情绪的好帮手。通过这些故事，孩子将建立一个关于感觉的词汇库。这些故事直观地向孩子展示，人们是如何采用不同的方式处理自己的情感的，如愤怒、恐惧和悲伤。通过精心挑选适合孩子年龄段阅读的图书，父母甚至可以和孩子谈论一些很难开口的问题，如“孩子是从哪里来的”“爷爷为什么离开人世”等。

电视节目和少儿电影也是家庭谈话的重要资源。但在我看来，阅读的效果更好，因为讲者和听者能随时停下来，讨论故事中发生了什么。大声地朗读，让孩子感觉全家都参与到讲故事当中，这会让他们对故事的发展和书中的角色更感兴趣。

精心创作的儿童文学，能让父母近距离接触孩子的情绪世界。我们亲子小组中的一位妈妈谈起了和10岁的女儿一起读书的情景。这本书讲到一群十来岁的女孩因为一个好朋友要搬到别的地方而伤心难过的事。这个故事让妈妈很受触动，因为这让她记起了当年自己因为搬到另外一个州而和朋友伤心离别的情景。这位妈妈再度回忆起这个时期孩子的友谊有多么感性，因而更加理解女儿现在友谊的重要性。

然而，很多父母在孩子能够独立阅读以后，就不再给孩子朗读了。但也有一些家长一直坚持和孩子一起阅读的习惯，到孩子十几岁时也依然如此；他们轮流朗读，阅读的题材也更深刻一些。这种阅读习惯，已经演变成和一日三餐一样重要的习惯。它让父母和孩子有了一个固定的共同相处的时间，让他们可以分享彼此生活中美妙的事物。

全程保持耐心

为了成为一名高效的情绪管理训练型家长，你必须有足够的耐心，给孩子充足的时间表达内心的感受。当女儿伤心时，她可能会哭一场；当儿子生气时，他可能会跺脚。当孩子处于这样的状态时，和孩子共度时光的确会让父母感到头大。你会感觉自己的脑门上简直被贴上了“麻烦”的标签。

然而，如果你记起情绪管理训练的目标是探索并理解孩子的情绪，而不是压抑他们的情绪，就会对你很有帮助。从短期来看，轻视并忽略孩子的消极情绪，把一切交给时间处理，父母会感觉轻松许多。你甚至会相信这样的虚假理论：时间能让一切变美好。然而，这种态度在短期内或许能减少你的麻烦，但从长期来看你的麻烦只会更多。一旦你习惯性地忽视孩子的感受，你与孩子之间的距离就会变得疏远。当需要解决问题时，他们就更不愿意配合你。

相反，专注于孩子的情绪会给父母带来回报。如果面对孩子的情绪时，你希望它们统统消失，这样是很难接纳并认可孩子的感受的。对孩子情绪的接纳和认可是与共情相伴而生的，也就是说要体会孩子在那一刻的感受。当你对孩子共情时，体会身体对这种情绪共享的感觉。就像听到撩人的音乐时，心中升起的那种情感，让你感觉兴奋、悲伤，还能带给你热情与启迪。你也可以用同样的方式来感受孩子的情绪，让你的心情与孩子的感受和谐共振。如果你真的做到这一点，你就能发自内心地说出这样的话：“爸爸丢下你一个人，很让你伤心，对吗？”“要是朋友出手打我，我一定也很气愤。”“看得出来，你讨厌我纠正你。”

要记得，有时你不借助语言，一样可以传递你的理解之情。当你愿意和孩子坐下来一起面对问题时，这种行为背后的力量胜过千言万语。首先，你在向孩子说明，你对待他的事很认真。其次，你的态度表明这件事情很重要，需要投入精力去思考。当你坐下来面对情绪时，要知道，一个拥抱或者温柔的抚摸比言语更有力量，尤其是当孩子伤心或害怕时。

有时，孩子会说，现在还不想谈论某件事。大多数情况下，父母都应该尊重他的意见。但别忘了和他约定一个时间，下次再坐下来聊。记得用备忘录记下这件事，按照约定的计划及时跟进。

当孩子变得情绪化时，全身心地陪在他身旁，面对他的感受——如果有这样的决心，你每天都会发现很多与孩子交流的机会。通过那些看似平凡的琐事，你会逐渐与孩子建立一种坚固、长久的感情联结。你将逐渐变成我的朋友、发展心理学家罗斯·帕克口中的“美好瞬间收集者”（a collector of moments）。你将感觉和孩子相处的每一次机会都是珍贵无比的；而在那些被很多人忽略的方面，你能看到独一无二的价值。当回望与孩子相处的经历时，你将发现，它们已经串成了无价的珍珠，值得回味。

理解父母要有的权力基础

“权力基础”，是父母对孩子不良行为划定界限的基础——这是一种所有孩子都希望拥有，也都需要的事物。对一些父母来说，威胁、羞辱和体罚就是他们的权力基础。对另一些纵容型父母来说，他们感觉自己似乎没有权力基础。对情绪管理训练型父母而言，权力基础就是与孩子之间的感情联结。

当你在情感上与孩子紧密地联系在一起时，划定行为界限这件事，在你回应孩子不良行为的时候就已经自然而然地发生了。你的愤怒、失望和担忧明明白白地告诉了孩子你的态度，让孩子自然而然地做出回应。你无须动用一些负面的惩罚措施，如体罚或“计时隔离”等方法来诠释你的感受。父母与孩子间的尊重与爱意就是对孩子行为进行约束的基础及动力。

如果你过去采用过棍棒或恶语相向的管教方式，你可能会考虑，转变为一种建立在彼此分享、积极的情感上的教养方式是否可能。我相信这种转变是可能的，只是需要付出很多的努力。你需要改正旧有的管教方法，纠正自己面对孩子时的言行，将情绪管理训练的全过程融入与孩子相处的过程中。你需要非常努力，才能将感情基础建立在信任的基础上，而非建立在威胁之上。

在进行这种转变的过程中，你需要把海姆·吉诺特总结的两条原则牢记在心：（1）允许所有的感受，但不允许所有的行为；（2）父母与孩子的关系不是民主关系，该由父母决定何种行为是被允许的。

如果你的孩子已经 10 岁，教孩子纪律时，你完全可以直接和孩子谈论这些与权力基础相关的话题。试着通过彼此尊重、协商的方式设定纪律，以及违反纪律时受什么样的惩罚。如果关系到孩子的安全问题和幸福，而要求你严厉时，别退缩。作为一个成熟的大人，你更知道哪些行为是有潜在危险的。研究表明，经常留意孩子周围的朋友、观察他们的行为和去处的父母的孩子面临风险的概率要更低。这些孩子更不容易进入与警察发生冲突、做恶作剧、犯罪、生活混乱，或离家出走的偏常群体（deviant group）。

EQ 情商关键词

偏常群体

与正常人群不同的一类群体，如会与警察发生冲突、做恶作剧、犯罪、生活混乱或离家出走的群体。

在向更积极的权力基础转变时，有些父母会面临更多的难题，尤其是当与孩子之间的信任、尊重与感情已经开始淡薄时。

这种情况下，家庭心理咨询是有效的方式，我也鼓励父母考虑这个选择。如果你的心理理疗师想单独和你的孩子谈话，别太惊讶。在你们这个“家庭法庭”上，你的心理理疗师可能会担当你孩子的辩护人。这种家庭心理理疗需要多长时间能见效，真的很难说。就像看牙医一样，修复过程的长短与牙齿被忽视的程度成正比。研究表明，心理理疗师已经具备多种帮助家庭重新建立信任与沟通的有效方法。

相信人性在向着更好的方向发展

随着我对孩子的更多理解，我更加相信人类的发展历程是在向着积极的方向发展的。

我之所以这样说，是因为我发现从孩子出生起，他们的大脑天生就在寻找安全感、爱和理解，并开始获取知识：他们希望自己富于感情，希望自己是无私的；他好奇地探索周围的环境，渴望发现是什么制造了闪电，小狗的身体里装着什么；他想知道，什么是对的，什么是错的，什么是善良的，什么是邪恶的；他想知道这个世界上存在什么样的危险，而自己又该如何避免它们；他想做正确的事，让自己变得越来越强壮，越来越有能力。你的孩子希望成为那个你欣赏和热爱的人。

如果知道孩子身上有这么多积极面，父母更应该信任孩子的情感，知道自己并不孤单，孩子也在和自己一起努力。

不适合进行情绪管理训练的情形

关于父母利用情绪管理训练来增进亲子亲密感、教孩子配合的频率，我们很难给出一个确定的答案。随着孩子一天天长大，他们需要学着与他人相处，需要应对生活中的困难。父母会发现，生活中将有越来越多进行情绪管理训练的机会。

即便如此，情绪管理训练也不是"灵丹妙药"，不可能在每一次消极情绪出现时都有效。首先，进行情绪管理训练需要有耐心和创造性，父母应该在平静或无干扰的情况下进行。与此同时，孩子也需要保持一种愿意学习的状态。试想一下，你肯定更想抓住那些孩子处在愿意接受状态的时机。

显而易见，情绪管理训练在一些情形中并不适合进行，这时，父母就应该推迟情绪管理训练。我总结出以下 5 种不适合进行情绪管理训练的情形。

当你赶时间时

现如今，大多数家庭都是看着钟表过日子的，孩子要去托儿所、去学校，家长要准时赶去上班。尽管这些紧张的时刻也是孩子情绪最容易出现波动的时候，但它们不是进行情绪管理训练的理想时机，因为情绪管理训练是一个过程，需要时间的保障。孩子不是机器人，我们不能期望他们根据我们的时间表调整情绪。

我们亲子小组中的一个职场妈妈，就向我们讲述了自己在赶时间时，对孩子进行情绪管理训练的失败经验。这天早晨，她需要把女儿送到托儿所，紧接着赶去公司接待一个重要的客户。到了托儿所门口时，4岁的女儿忽然间不合作起来。“凯蒂老师今天不在，”小女孩对妈妈说，“我不想待在这儿。”

这位妈妈看了看手表，知道自己只有5分钟时间来处理这件事。在脑海里快速地回忆了情绪管理训练的几个步骤后，她把女儿放在腿上，开始处理女儿的情绪。“宝贝，你看起来很不高兴……告诉我是怎么回事……因为你最喜欢的老师今天不在，所以你会感觉很不舒服……我理解你的感受……开始新的一天，最喜爱的老师却没在……我一会儿就要走了……我们做点儿什么才能让你好受一些呢？”

与此同时，女儿坐在那儿，强忍着眼眶中的泪水，语无伦次地回答着妈妈的话语。时间一分一秒地过去了，她们还是没有找到解决方案。小女孩似乎察觉到妈妈很着急，这让情况变得更加糟糕。妈妈问得越多，女儿看起来就越难过。经过20分钟不太令人满意的谈话后，这位妈妈终于停止了情绪管理训练，把泪眼汪汪的女儿推到代课老师的怀里。赶时间的她疯了似的奔赴那个重要的会面。“当我赶到那儿的时候，我的客户已经走了。”这位妈妈惋惜地说道。

回顾这次失败的经历，这位妈妈总结了自己犯的错误：“我当时向她传递了复杂的信息。一方面，我告诉她我很关心她，愿意帮助她；另一方面，我却在看表，而她完全将之看在眼里，这让她被遗弃的感觉更强烈了。”总结了失败的教训后，这位妈妈说自己当时应该直接告诉女儿，她必须待在托儿所，这一点是没得商量的；同时也告诉女儿，她们会在晚些时候讨论她的难过之情。随后把她交给代课老师，让女儿凭借自己的社交能力面对这一天，然后离开，去参加原定的会面。

在理想情况下，当情绪出现时，我们总能有时间和孩子坐下来，谈论他们的感受。但对很多父母而言，例外的情况也有很多。因此，父母应该每天安排固定的时间，在不赶时间、没有干扰的情况下和孩子谈谈心。对低龄孩子而言，这个时间段通常安排在睡觉前，或者洗澡的时候。对小学生或十几岁的孩子而言，谈心的时间可以安排在一起做家务时，如洗盘子、叠衣服时，开车去上音乐课或游玩的途中也是进行谈话的好机会。这样的时间安排能让你避免因为时间限制而把情绪管理训练搁置。

当有旁人在场时

当有旁人在场时，你将很难和孩子建立信任与亲密感。因此，我建议父母一对一地进行情绪管理训练，而不要当着其他家庭成员、朋友或陌生人的面进行。只有这样，你才不会让你的孩子感到尴尬，你们会感到更自在，回答的时候更诚恳，而不用去担心旁边的人会怎么看。

在处理兄弟姐妹间的冲突时，这种方法尤为重要。我们亲子小组中的一位妈妈，就和我们分享了自己使用情绪管理训练来干预两个孩子间争论的例子。“只要我开始和其中一个孩子共情，另外一个孩子就会很激动。”

在理想的情况下，父母如果能够做到客观，就可以帮助两个以上的兄弟姐妹化解冲突，重归于好。然而，情绪管理训练要求更深层面的交流——共情、倾听。当你需要同时面对冲突中的两个当事人时，要想对其中一个进行共情，而又不站在他的立场上，是件很难的事。因此，只有在父母和孩子都无须考虑其他兄弟姐妹的感受，不用担心被打断、被质疑时，情绪管理训练才能真正发挥作用。与理解自己的父母单独相处时，孩子将更愿意卸掉防备，表达最真实的情感。处理这个问题的关键是要给每个孩子同等的时间。安排固定的时间，定期和每个孩子单独相处，能帮父母顺利实现目标。

与此同时，父母应该考虑到，自己的同龄人、亲戚，尤其是长辈在场时也会影响到自己对孩子共情和倾听的能力。当着母亲的面，听着她说（或感受到她的潜台词）“揍他一顿就什么事都没有了”，你将很难认同孩子的感受。所以，在需要进行情绪管理训练，却有旁人在场时，你可以记下这件事，把情绪管理训练推迟。你可以告诉孩子你将再安排时间和他讨论这件事；说话时要讲究方式，不要让他感到尴尬。别忘了随后跟进这件事。

当你太累或太难过而不能进行有效的指导时

情绪管理训练需要有一定的创意思考，因而必须在父母有精力的时候进行。极度的愤怒或疲劳很难让你有清晰的思路，因而你不能与孩子进行有效交流。你会发现，自己很难打起精神，没有足够的耐心和意愿去对孩子的情绪感同身受或倾听他们的话语。有时，你仅仅是因为太累了，不能有效处理孩子的情绪。在这种情况下，最好延迟情绪管理训练，直到你得到足够的休息，身心得到安慰，自己充满能量。去散步、睡个午觉、洗个热水澡、看一场电影，都能让你得到足够的放松。如果这些方法对你不管用，焦虑、紧张和愤怒等情绪依然在困扰着你，让你无法与孩子进行情感上的交流，那就需要考虑换一种生活方式了。一个好的精神健康顾问或保健师或许能给你提供有效的建议。

当孩子犯了严重的错误时

在前面的章节中，我们讲过，在情绪管理训练的第五个步骤中，父母需要为孩子的行为划定界限。然而，有些时候，你对孩子的纪律要求需要跳出简单意义上的行为界限的划定。当孩子的行为令你失望，明显违背你的道德准则时，你需要站出来，说出你的反对意见。尽管你理解导致孩子做出这种行为背后的情绪，但这时不是你进行共情的好时机。对孩子进行情绪管理训练，认同孩子不良行为背后的情绪，这个步骤也需要完成，只不过需要暂时推迟。这时，你需要明确地告诉孩子，你认为他的行为是错误的，而你为什么会那样认为。恰当地表达你的愤怒和失望，避免用贬低性的方式。同时，这时与孩子分享你的价值观也是可行的。

面对孩子做出的不良行为，有些父母对导致孩子做出这种行为的情绪很敏感，还有些父母感觉自己对孩子产生这些情绪负有责任；对他们而言，做到先表明自己的态度再认同孩子的情绪就更难。例如，正在协议离婚的夫妻发现13岁的女儿最近开始逃学，他们对如何回应孩子感到左右为难。因为理解女儿的困惑和悲伤，他们可能希望跳过训斥孩子这个环节，而直接处理孩子对离婚这件事的感受。然而，如果他们为孩子的不良行为找借口开脱，从长期来看只会对孩子造成更大的伤害。最好的方法是把她旷课这件事和她对父母离婚的感受当成两回事分开处理。

下面，我想要给大家讲一个例子。当然，这件事发生的背景比起父母离异那种要好得多。

当我女儿莫利亚3岁的时候，我们家里来了一位客人，要在家里住上几天。一天，晚饭后，我看到莫利亚一个人站在客厅里，手里拿着红色的记号笔。在她前面是我们新买的桃红色沙发。而沙发的一侧，赫然有一道鲜红色的涂鸦。

“这儿怎么了？”我清楚而关切地问道。

莫利亚抬起头看着我，眼睛睁得很大，手里还抓着那支笔。“我不太清楚。”她支吾着。

我心里想：现在我们有两个问题要处理——破坏公物和撒谎。与此同时，我观察到，在过去的24小时里，莫利亚不像往常那样高兴了。据我猜想，她应该是因为自己的日常生活被一个突然而至的陌生人打乱而感到无所适从。直觉告诉我，她还有点儿嫉妒，因为我和妻子花费了大量的时间与客人聊天，占用了和她一起玩耍的时间。正是由于这些，她才用笔乱画，做出不好的行为，而她明明知道这样做是错的。而对于后来的说谎，原因很明显——她怕我会生气。

我知道自己可以用一种更有同理心的方式来回应她，说一些诸如“莫利亚，是不是你很生气，所以才在沙发上写字的”，然后，可能会接着说“我理解你很生气，但在沙发上涂鸦可是不对的”。然而，这一切显然都绕开了面前一个更大的问题——撒谎。因此，我决定晚点再去处理莫利亚的气愤和嫉妒情绪。这天晚上，我要告诉她，说真话的重要性。我告诉她，我对沙发上的印迹很生气，也很失望，但更令我失望的是她说谎隐瞒这件事的行为。

最后，我们一起把沙发上的印迹擦掉，我、妻子和莫利亚一起探讨了这件事背后的情绪。我和妻子用心聆听莫利亚的话语，试着理解她的愤怒、孤独和沮丧感。我们还和女儿聊了关于表达情绪的其他可行的方法，比如找我们谈，要求我们给予她关注。

尽管我没有在事情发生后立刻对莫利亚进行情绪管理训练，但我相信，基于以往的情绪管理训练，我们之间已经形成的感情联结将会发挥作用。如果孩子与父母有着坚固的感情联结，当父母伤心、失望或生气时，孩子的心里会很难受，以至于他们愿意成为一个守规矩的孩子。这时，孩子的目标就是修复与父母的关系，恢复原有的情感状态，因为只有这样孩子才能和父母在情感上距离更近。她将明白，自己必须遵循特定的规矩，才能享受情感上的舒适。

当孩子伪装情绪来操控你时

在这里，我要讲的不是普通的哭哭啼啼或发脾气，而是孩子为了让大人满足自己的想法而假装哭闹和发脾气。这些情绪表达不是发自内心的。

为了理解什么是伪装情绪，我们来看看下面的例子：

我们亲子小组中的一对夫妻谈起发生在 5 岁儿子肖恩身上的经历：当儿子得知父母第二天晚上要去庆祝结婚纪念日，到时候他们会把自己留给保姆照看时，他很生气。这对夫妻和肖恩花了很长时间，讨论他的感受，但没有取得任何进展。肖恩表示，他唯一满意的解决方案是让父母带着他一起去庆祝。终于，这对夫妻决定中止谈话，留肖恩一个人在房间里。他开始大声啼哭，持续了30分钟，在这个过程中，父母隔一会儿会去窥看儿子的情况。肖恩的爸爸说，有一回，当他走近儿子的房间时，发现肖恩一边平静地堆着积木，一边继续放声大哭。“他回过头，看着我，声音更大了，”这位爸爸叙述道，“然后我看见他尴尬地笑了。他知道自己的诡计被揭穿了。”

肖恩希望自己的哭声能让父母改变主意，但他装哭并不表示他对父母把自己留给保姆这件事不生气。然而，当孩子试着用这种情绪来操控父母时，父母在情绪管理训练过程中的共情和倾听恐怕会毫无收获。这时，父母应该明确地告诉孩子，他的哭声不会让他们改变想法。这位父亲正是这样做的。他温柔而坚定地对儿子说：“我知道你对这件事很生气，但哭并不能让我和妈妈改变主意。我们还是会去外面用餐，而你要和保姆留在家里。”肖恩终于明白，事情没有商量的余地，所以就停止了哭闹。过了一会儿，爸爸问肖恩，愿不愿想一些主意让自己的夜晚变得更开心，比如想想和保姆玩哪些游戏，准备一些零食等，小男孩欣然同意了。

当决定要推迟情绪管理训练时，要对自己同时也对孩子保证，你们会另找一个时间来谈这件事。但除非你们感觉有必要，否则不要随意推迟情绪管理训练。总体而言，你们需要尽量用更多的时间来对孩子进行情绪管理训练。对很多父母而言，这意味着改正自己旧有的育儿理念，例如觉得谈论感受会让孩子更加恣意妄为，或者会惯坏孩子。正如我们的研究所证明的那样，接受情绪管理训练的孩子会逐渐学会调节自己的情绪，在行为方面表现得更出色。同时，也不要相信关注消极情绪会让“情况更加糟糕”

的说法。如果孩子面对的是一个很棘手的问题，父母应该支持孩子，教他们学会应对这件事。而如果孩子面对的是一件芝麻大的小事，那么谈论关于这件事的感受当然不会给孩子带来任何伤害。

最后，我要再次重申，情绪管理训练不是一种魔鬼方程式，它不能消灭所有的家庭冲突，也不能取代为孩子划定界限的需求。但情绪管理训练能拉近你与孩子的距离，建立彼此之间的感情联结，为日后一起协作解决问题铺好基石。孩子将懂得，面对自己的情绪时，父母是值得信任的盟友。当孩子有问题时，他们会主动来找你，因为他们知道你能给他们的，除了老生常谈和说教，还有更多。因为你懂得倾听。

情绪管理训练最大的优点在于，它的效果能一直持续到孩子成年以后。到那时，他们已经吸收了你传授的价值观，成就了自己的高情商。他们将知道如何保持专注，如何与同伴相处，如何应对激烈情绪。相比于那些没有掌握这些技能的孩子，他们还能避免生活中的许多风险。

测试 The Heart of Parenting

◆你的情绪管理训练技能如何？

下面这项测试将帮你检测自己进行情绪管理训练的能力。下面列举了一些容易导致情绪紧张的时刻，帮助测试你认同孩子感受和权衡养育任务的技能。它还能帮你锻炼如何在情绪管理训练过程中对孩子的消极情绪给出恰当的回应。每一项都给出了一个错误的回应。你需要通过情形的描述和这个回应，猜测父母的养育任务是什么，孩子在这种情形中有何感受。最后，你需要给出一个对孩子的情绪进行认同的新的回应方式。

◆ 举例：

在一个大型百货商场中，一个孩子走丢了，父母都很着急。过了一会儿，商场员工发现了这个神情慌张的孩子，并帮他找到了父母。

◎ 错误的回应：“你这个傻孩子！气死我了，再也不带你来商场购物了。”

◎ 父母的任务：事情发生后，这位家长很担心。他希望保障孩子的安全，防止类似事情再发生。

◎ 孩子的感受：恐惧。

◎ 正确的回应：“你刚才一定很害怕。我也担心死了。过来，让我抱抱你。过会儿，咱们再讨论发生了什么。”

◆ 开始测试：

1. 孩子放学回到家，说道：“我再也不去学校上学了。老师当着我朋友的面，大声冲我嚷嚷。”

◎ 错误的回应：“你做了什么事，让老师这么生气？”

◎ 父母的任务：

◎ 孩子的感受：

◎ 正确的回应：

2. 在澡盆里洗澡时，孩子对你说：“我恨哥哥。真希望他死掉算了。”

◎ 错误的回应：“你居然说出这么恐怖的话。在我们家没有人可以这样说话。你不恨你哥哥。你爱他。我再也不想听到你说这样的话。”

◎ 父母的任务：

◎ 孩子的感受：

◎ 正确的回应：

3. 吃晚饭时，孩子对你说："呃……我最讨厌吃这个。我不吃了。"

◎ 错误的回应："有什么你就得吃什么，不管你喜不喜欢。"

◎ 父母的任务：

◎ 孩子的感受：

◎ 正确的回应：

4. 孩子从外面回来，说道："我恨那帮孩子。他们不跟我玩。他们对我真残忍。"

◎ 错误的回应："如果你不是个胆小鬼，他们肯定就和你玩了。不要发生一点点的事就小题大做。受点儿打击没什么，你得扛过去。"

◎ 父母的任务：

◎ 孩子的感受：

◎ 正确的回应：

5. 孩子对你说："真希望今天陪在我身边的人不是你。我希望（你可以自己设定相应人物）来照顾我。"

◎ 错误的回应："你居然说出这样的话。真是个没良心的孩子。"

◎ 父母的任务：

◎ 孩子的感受：

◎ 正确的回应：

6. 孩子的小伙伴来家里做客。孩子对伙伴说："我不想和你分享这个玩具。我不想让你玩！"

◎ 错误的回应："你真是个自私的孩子。你要学会分享。"

◎ 父母的任务：

◎ 孩子的感受：

◎ 正确的回应：

◆ 答案：

当然，对于上面的测试，没有人能给出标准答案。然而，下面的回应却是情绪管理训练型父母典型的回应方式。通过对比“错误的回应”和“正确的回应”，观察父母是如何表达自己的养育任务的。其区别之处就在于，“正确的回应”对孩子进行了共情，并对孩子进行了指导。

1. ◎ 父母的任务：这位家长希望自己的孩子在学校是名优秀的学生，得到老师的喜爱。他很担心是因为孩子在学校做了什么事，才让老师那么对待他。

◎ 孩子的感受：感到很尴尬。

◎ 正确的回应：“发生那样的事，你一定感到很尴尬。”

2. ◎ 父母的任务：这位家长希望自己的孩子能和平相处。

◎ 孩子的感受：愤怒。

◎ 正确的回应：“我知道，有时你哥哥会让你失望，甚至让你很生气。告诉我发生了什么事。”

3. ◎ 父母的任务：这位家长希望孩子不挑食，做什么就吃什么。家长不想再去做别的食物了。

◎ 孩子的感受：没胃口。

◎ 正确的回应：“似乎晚餐不太合你的胃口。你想吃点儿什么呢？”

4. ◎ 父母的任务：这位家长希望孩子能和其他小朋友更好地相处，不要因为受点儿委屈就太过伤心。

◎ 孩子的感受：伤心。

◎ 正确的回应：“那一定让你很伤心。告诉我发生了什么。”

5. ◎ 父母的任务：这位家长希望孩子懂得，自己花了时间和精力在陪着他，希望他能够珍惜。

◎ 孩子的感受：伤心。

◎ 正确的回应："看得出来，你真的很想念　　　　。我能理解。我也很想念　　　　。"

6. ◎ 父母的任务：这位家长希望孩子懂得分享，对来家里做客的小伙伴更大方一点儿。

◎ 孩子的感受：生气。

◎ 正确的回应："有时，和别人分享自己心爱的玩具是一件很难的事。让我们把这个玩具收起来，拿一些你更愿意和别人共享的玩具出来吧。"

高情商教养要点 EQ

- 与孩子交流时，针对具体的行为，而非用粗线条来勾勒他们的形象，避免为孩子的品格贴上标签。

- 父母在批评孩子时，应该避免使用一些宽泛、持久的批评。当纠正孩子时，应该关注生活中此时此地正在发生的具体事件。

- 谈话的目标并不是为了达成统一意见，而是为了交换对彼此的理解之情。

- 为了成为高效的情绪管理训练型父母，你必须有足够的耐心，给孩子充足的时间以表达内心的感受。

- 多留意孩子周围的朋友、观察他们的行为和去处的父母的孩子面临风险的概率要更低。

05

让孩子免受家庭冲突的伤害

家庭成员的情绪管理训练

如果请那些父母婚姻不幸福的成年人描述自己的童年，你可能会在他们的故事中听到悲伤、困惑、痛苦和虚假的希望。他们会告诉你，当看到父母离婚时，自己有多么无助和痛苦。如果父母是痛苦婚姻的坚守者，仅仅是“为了孩子”而勉强维持，孩子将不得不眼睁睁看着自己生命中最重要的两个人没日没夜地伤害彼此。

不论父母是离婚、分居，还是坚守婚姻，只要他们表现出对彼此的敌对和轻蔑，孩子都会一样地感到痛苦。因为无论离婚与否，父母的婚姻氛围都为孩子提供了一个赖以生存的情感生态（emotional

EQ 情商关键词

情感生态

就像自然环境中的空气、水和土壤会影响小树的生长一样，父母的婚姻氛围、家庭氛围也影响着孩子情绪的健康。

ecology）环境。就像自然环境中的空气、水和土壤会影响小树的生长一样，父母关系的好坏也影响着孩子情绪的健康。作为父母，你如何与配偶互动，将影响到孩子的生活态度和未来将取得的成就，影响他调节情绪的能力和与他人相处的能力。总体而言，当夫妻呵护、支持彼此时，孩子的情商也会蓬勃发展。而那些常常暴露于父母冲突下的孩子，则面临着极大的风险。

对那些正在经历婚姻冲突的父母而言，这恐怕是个不好的消息，但希望还在，尤其对那些致力于改善彼此关系的父母而言，即使他们已经离婚。我们现在知道，真正对孩子造成伤害的不是父母之间的冲突，而是他们处理冲突的方式。

我们还发现，情绪管理训练将保护孩子减轻父母婚姻冲突带来的危害。只要父母在情感上体谅孩子，帮助孩子应对消极情绪，指引他们安然度过家庭冲突，孩子就能免受家庭冲突甚至是父母离婚带来的危害。迄今为止，情绪管理训练是唯一一种被证明能有效保护孩子避开这些危害的方法。

最后，我们发现，改善婚姻关系的道路与成为好父母的道路其实有殊途同归之效。情绪管理训练型父母对待孩子的方式，对改善婚姻关系也适用，这包括情绪的感知能力、共情的能力和协同解决问题的能力，这些技巧将对婚姻关系起到积极的作用。在努力成为好父母的过程中，夫妻关系也得到了改善。

在我们探讨情绪管理训练是如何起到保护孩子的作用之前，我们最好先看一下婚姻冲突和离婚问题是如何给孩子造成负面影响的。

婚姻矛盾、离婚如何伤害孩子

通过对有子女的家庭进行观察和实验，我们发现，婚姻冲突将对孩子的身体健康、情绪健康产生深远的影响，还会影响到他们与同伴相处的能力。我们收集的数据显示，如果父母的婚姻关系中容易出现相互指责、抨击和轻蔑等情况，在这种环境中长大的孩子将更容易表现出反社会行为，与同伴相处时更有攻击性。面对悲伤等情绪时，他们调整情绪的能力较差，很难集中注意力，不懂得如何安慰自己。除此之外，根据这些孩子的母亲提供的数据，他们容易患上咳嗽、感冒等，生病的概率也更高。研究显示，这些孩子长期处于一种慢性应激状态，因为在他们的尿液中，我们检测出了高于正常水平的儿茶酚胺（一种与压力相关的激素）。

如何测量孩子与同伴相处的能力呢？我们在孩子的家里，在没有父母监督的情况下，对孩子和同伴玩耍的情形进行了 30 分钟的观察。每个家庭都会邀请孩子最好的朋友到场，一起参与实验。那么，如何对这段记录进行分析呢？我们主要观察孩子与同伴的互动程度。例如，他们是花了大量的时间来进行需要两人配合的扮演游戏，还是更愿意各玩各的，很少去尝试团队合作？我们还对孩子明显的消极行为进行了记录，如争吵、威胁、骂人、泄密、打人等。当发生口角时，孩子愿意找出解决问题的方法吗？还是当他们因为琐事而出现争执时，就让游戏不得不提前告终。之前的研究告诉我们，这些看似平常的差异实质上在孩子成年以后将有更显著的区别；孩子在童年时被同伴排斥的主要原因就是他们消极和不擅社交的行为模式。我们还知道，如果孩子不能与同伴建立友谊，他们以后将更容易患精神疾病。

在这些研究的基础上，我们把收集的数据与第 1 章中提到的对家庭的采访和实验结果进行了对比分析，结果发现，婚姻关系与孩子和同伴相处的能力有着密不可分的关系。相比于家庭幸福的孩子，那些感受到父母婚姻冲突的孩子，更不太愿意与同伴配合，与朋友相处时显现出更多的消极行为。

关于孩子因家庭矛盾而出现的行为问题，社会科学家们的研究成果不一而足。这些发现都有一个共同的结论：**婚姻矛盾、离婚会导致孩子在日后出现更严重的问题。**在童年时，这种负面影响就已经开始显现了，比如缺乏人际交往技巧，攻击性强，进而使他们被同伴排斥。父母们为自己的问题而自顾不暇，因而没有太多时间去关注孩子的情况，孩子因无人监督而逐渐偏离正常的成长轨道，向叛逆的群体靠拢。到了青春期，这些问题家庭的孩子好似在跌跌撞撞中误捅了马蜂窝一样，一系列青少年问题接踵而至——学习成绩下滑、过早尝试性行为、滥用药物、少年犯罪等。除此之外，还有少量的证据显示，承受家庭矛盾或离婚困扰的孩子在生活中体会到更多的抑郁、焦虑和退缩的情绪。弗吉尼亚大学的梅维丝·赫瑟林顿（E. Mavis Hetherington）教授进行的一项研究发现，离婚家庭的孩子罹患重大临床精神疾病的概率，比一般的孩子高 3 倍。

对于为什么这些问题家庭的孩子会有更多的行为问题，更难与同伴相处，社会科学家们给出了不同的解释。有些人认为，疲于和配偶（或前配偶）争吵的父母，常常没有过多时间和精力关注孩子的情况。离婚和导致婚姻破裂的矛盾让父母精疲力竭、六神无主、情绪低落，使他们很难成为家庭规矩的有效执行者。

赫瑟林顿认为，在父母分居或离婚期间的头两年，对孩子而言都是家庭关系出现严重动乱的时期。赫瑟林顿写道：“在这期间，一个满心烦恼的父母，或者说情感受到困扰的父母，和一个紧张兮兮、渴望父母关爱的孩子，很难互相支持和安慰对方，只会更容易让双方的问题更加激化。”离婚后，拥有孩子监护权的母亲“在孩子面前常常出现短暂性的情绪不稳，对孩子爱答不理，不支持、爱惩罚孩子”。并且，这些问题不会随着时间的推移而消失不见，“对孩子越来越难以控制和监管，这已经成为很多离异母亲长期面临的最棘手的问题”。

这些发现，与我们研究经历婚姻冲突的夫妻所面临的教育问题中的发现相一致。这些父母对孩子更容易出现漠不关心、不理不睬的情况。他们很少会为孩子的行为划定界限。

很多专家认为，出现婚姻问题的父母不仅不能为孩子提供优质的教育，还会为孩子树立与他人相处的坏榜样。他们认为，见证父母攻击、蔑视对方，向对方挑衅的孩子，更容易在自己与伙伴相处时表现出类似的行为。没有人为他们树立感同身受地去倾听、协作解决问题的榜样，他们只能按照父母扔给他们的脚本去做——敌对和防御是正当的回应方式；只有好斗的人才能如愿以偿。

可以想象，生活在父母冲突的负面阴影下的孩子，将从父母身上学到很多不好的行为，但在我看来，婚姻冲突还会给孩子带来更严重、更深层面的影响，尤其是那些从小就暴露于严重家庭冲突下的孩子。我认为，如果生活在父母冲突的压力之下，孩子的自主神经系统的发育将受到影响，这将从根本上决定孩子应对变化的能力。

当看到父母争吵或打架时，孩子会变得紧张，这一点是毫无疑问的。研究表明，即使是非常小的孩子也会对大人的争吵产生生理上的反应，如心率加快，血压上升。研究型心理学家马克·卡明斯（E. Mark Cummings）观察研究了孩子对大人争吵的反应，发现孩子通常通过大哭、一动不动地站着、捂耳朵、做鬼脸、要求离开等方式来回应。另外一些研究者发现，即便是6个月大的婴儿，也会对紧张情绪有反应，只不过这些反应往往不是通过言语来表达的。尽管婴儿并不能听懂父母争吵的内容，但他们知道周围出现了什么不好的状况，因而表现出激动、流泪。

> 在我们的实验研究中，我们也观察到孩子有类似的反应。有一对夫妇参加过我们对新婚家庭所做的调查，他们后来带着3个月大的女儿参与了进一步的实验。在这之前，我们的谈话记录显示，这对夫妇的夫妻关系很紧张，经常因意见不同而引起争执。在这次实验中，这种倾向进一步显现了出来。我们请他们和孩子一起玩，爸爸通过上下摇动孩子的双脚，吸引了孩子的眼神，妈妈开始发出“呜呜呜啊啊啊”的声音，抢走了孩子的注意力。结果，这场冲突让孩子很困惑，甚至变得不安，她转过脸去，开始放声大哭。与此同时，她的心跳也开始加快。后来，尽管父母试着去安慰孩子，她的心率还是过了很长时间才逐渐恢复正常。

当然了，我们对婴儿所做的研究尚不充分，但通过类似的观察，我更加相信，父母矛盾所带来的危害在孩子婴儿时就已经开始显现了，这一阶段正是孩子自主神经系统形成的关键时期。孩子在这几个月里的情感经历，将对他们的一生造成深刻的影响，决定着他们的迷走神经张力，也就是调节神经系统的能力。大哭时有没有人安慰，周围人的情绪氛围让他平静还是紧张，身边的人是紧张、关切还是焦虑、郁闷，所有这一切都将对婴儿产生长期的影响，决定着他们回应刺激、平复心情，从紧张中复原的能力。

当孩子渐渐长大，开始与周围的人展开交流时，这种能力就会显得尤为重要。孩子需要懂得调整自己的情绪，才能保持专注，集中精力去学习。读懂他人的身体语言、面部表情和社会提示，这些都是情商的组成部分，如果缺少了它们，孩子们在社会交往和学业方面将缺少自己的优势。

和很多研究者得出的结论一样，我们的研究同样显示，经历父母矛盾、离婚的孩子在学业方面表现得更差劲。根据老师的评价，这些来自离异或冲突家庭的孩子在天资和智商方面表现得更差劲。社会评论家芭芭拉·达福·怀特黑德（Barbara Dafoe Whitehead）在《大西洋月刊》中这样描述这一情况："在我们这个时代，美国教育的最大悲剧就在于，很多孩子之所以在学业上落后，并不是因为他们智商或体能条件差，而是因为他们在情感上处于劣势……那些受到情感干扰的孩子，因为对自己家庭生活中上演的悲剧太伤心、太忧虑，而没有心思去关注日常生活中的琐事，比如乘法表。"

根据尼古拉斯·齐尔（Nicholas Zill）对《全美儿童调查》所做的分析，孩子会把童年时遇到的这些问题延续至成年以后。研究人员对全美范围内的青少年进行了有代表性的随机调查，并仔细研究了 240 个年轻人的资料，这些人的父母都在其 16 岁以前就离婚了。尽管已经把父母教育、种族和其他因素考虑在内，齐尔发现，在 18 岁到 22 岁年龄段的孩子中，他们表现出严重情绪紧张和行为问题的概率比正常家庭的孩子要高一倍。他们在高中的辍学率也比普通孩子要高出将近一倍。在所有辍学的孩子中，离异家庭的孩子最终获得文凭或普通同等学力证书的比例更低。

然而，在齐尔的研究结果中，最令人伤心的还是这些离异家庭的孩子与父母的关系。他的研究显示，离异家庭中有 65% 的孩子与父亲的关系较差，相比而言，正常家庭的孩子出现这种情况的概率是 9%。齐尔表示，出现这样的结果一点儿也不令人感到惊讶，因为在美国，分居和离婚的男人大都不为孩子提供经济上的支持，更别提定期与孩子进行情感沟通了。与此同时，离婚也让孩子与母亲的关系受到挑战。**离婚家庭中有 30% 的孩子表示与母亲关系不融洽，相比而言，正常家庭的孩子出现这种情况的概率是 16%。**

“离异家庭中长大的孩子至少会与父母中的一方关系疏远，他们中有相当数量的人与父母双方关系都很差，这一事实足以引起社会的广泛关注。”齐尔这样写道，“这意味着，这些孩子更容易受到家庭以外的人的影响，如恋人、同伴、老师之类的权威人士等。尽管这些外人带来的影响不完全是负面的，但即便能够给他们带来足够的温暖，这些人际关系也不足以成为正常父母关系的替代品。”

还有一些研究显示了父母离异如何对孩子造成终身的影响。多项研究显示，经历父母离异的孩子成年后更容易感到紧张，对家庭的满足感更低，更容易对朋友们感到不满，容易感受到更多的焦虑，处理生活问题的能力相对来说较差。

通过长期的调查研究，我们最近得出结论，父母离异甚至会让一个人的寿命缩短。从 1921 年开始，心理学家刘易斯·特曼（Lewis Terman）就智商的可继承性这一问题展开了研究。他对 1 500 个有天赋的加州孩子进行追踪调查，每 5 到 10 年测试一次他们的社会心理和智力发展情况。这些人被媒体称为“特曼人”。为了研究社会压力对寿命带来的影响，加州大学河滨分校的一项研究对这些特曼人进行了追踪调查。当时他们中有一半的人已经去世，弗里德曼收集了他们死亡证明书上的信息。1995 年，弗里德曼发布报告称，21 岁前经历父母离婚的特曼人比其他特曼人平均提前 4 年死亡。（相比之下，他发现童年时经历父母死亡的孩子的寿命则未受到影响。他认为，这一结果与很多其他的研究成果相吻合：父母离婚或分居对孩子造成的影响比亲人离世带来的影响更严重。）弗里德曼同时还发现，经历父母离异的孩子长大后自己经历离婚的概率也更高，而他们离婚这一事实并不能构成他们寿命缩短的原因。弗里德曼总结道，在青少年生活的社会结构中，父母离异是预测他们提前死亡的关键点。

有了这么多离婚带给孩子伤害的证据，婚姻不幸福的夫妻会认为，守护一段痛苦、毫无希望的婚姻或许对孩子更好。不仅我们的研究结果，也包括很多其他研究者的成果，都对这一观点给出了百分之百的否定。严重的婚姻冲突对孩子带来的伤害与离婚一样严重。换言之，让孩子受到伤害的不一定是离婚本身，而是父母间的敌对状态和恶语相向的行为，这种状态在父母离

> EQ 情商关键词
>
> **内化**
>
> 指自己所认同的新思想和自己原有的观点、信念结合在一起，构成一个统一的态度体系。这种态度是持久的，并且成为自己人格的一部分。

婚以后还有可能会继续。在婚姻问题中，如果丈夫疏远家人，对妻子和孩子缺少情感上的支持，这些家庭中长大的孩子容易出现心理学家口中的“内化”（internalization）问题，如变得焦虑、抑郁、内向、孤僻；而如果父母间出现敌对和轻蔑对方的情况，他们的孩子长大以后会比较好斗，对同伴有攻击性。

既然在一段不幸福的婚姻中挣扎，将给孩子带来与离婚一样严重的伤害，那么，有没有切实可行的方法，保护孩子免受婚姻冲突带来的伤害呢？我们的研究数据证明，的确有这样的方法存在，它就是有着缓冲效果的情绪管理训练。

如何保护孩子免受婚姻冲突的伤害

看到这么多证据显示孩子深受父母婚姻冲突之害，有些父母可能会想，他们是不是应该尽量避免一切形式的婚姻冲突，或者至少避免当着孩子的面争吵。事实上，这不仅是一个坏主意，而且不可能实现。冲突和愤怒是日常婚姻生活中正常的组成部分。那些能够表达自己不同意见，并一起找出解决方法的夫妻，婚姻关系将更幸福、持久。前面也有提到，认可消极情绪的父母能更好地教给孩子如何应对自己的愤怒、悲伤、恐惧等消极情绪。

此外，研究还表明，孩子适度地见证一些正面婚姻冲突，对孩子的成长有好处，尤其是看到父母在尊重对方的前提下，提出不同的见解，并努力找出解决问题的方案时。如果孩子从来都没有机会看到父母生气，提出反对意见，协商解决问题，孩子就错失了有助于提高情商的重要一课。

问题的关键在于，要积极地与配偶解决问题，让这次经历给孩子带来正面影响，而非负面的。显然，做到这点并非易事，因为配偶（包括前任妻子或丈夫）往往能激化对方的情绪。尽管如此，近些年的研究表明，父母可以通过以下方式来保护孩子，让孩子从中受益。

对婚姻关系进行情绪管理训练

我们对孩子情绪需求的研究表明，那些被倾听、被理解、被重视的孩子更幸福，未来更有成就。如果把这些对待情绪的方式运用到父母自己身上，会对他们的婚姻关系产生什么样的影响呢？

带着对这个问题的好奇，我和同事再次关注了那些被我们称为“情绪管理训练型父母”的婚姻状况。这些父母不仅能良好地感知自己的情绪，同时也能觉察到孩子的情绪。他们把孩子表达消极情绪的时刻，当作倾听的好机会。他们与孩子共情，为孩子的行为划定界限，指导他们如何处理消极情绪，如何找出解决方法。

我们不仅了解了这些父母的家庭生活，还收集了很多关于他们婚姻状况的详细资料。通过长时间的采访，我们得以了解他们的情感经历和对婚姻的理念。在实验室研究中，我们观察了他们是如何解决冲突的。11 年后，我们对这些家庭进行了追踪研究，统计出其中有多少人离婚了，多少人考虑过离婚，多少人现在依旧幸福地生活在一起。

我们发现，**情绪管理训练不仅能保护他们的孩子，对这些夫妻的婚姻**

关系也是有效的保护。相比于我们研究的其他夫妻，情绪管理训练型父母对婚姻的满意度高，婚姻关系也更稳固。他们身上显露出对配偶更多的爱意，他们更喜爱对方，崇拜对方。当这些夫妻谈起婚姻理念时，他们更强调彼此陪伴的可贵。他们更多地使用“我们”，把两人的生活当作一项共同的事业。他们更多地带着认同感对待彼此，而非轻蔑或敌对的心态。在热烈的交谈中，丈夫更少采取冷漠的方式回应。他们相信，表达而非隐藏消极情绪、对彼此坦诚而非隐瞒、面对问题而不是躲避问题，对夫妻关系更有益处。他们很少把两人共同的生活道路看作是一团乱麻，而认为那些痛苦和挣扎都是值得的，它们可以让婚姻关系更持久。

考虑到以上因素，有人会问：究竟哪个更重要呢？幸福的婚姻，还是情绪管理训练的技巧？对于这个问题，我们的研究并不能给出标准答案。一方面，婚姻幸福、稳定的父母，更愿意花费精力和时间去关心孩子，给予孩子情感上的支持；另一方面，懂得倾听、共情和协同解决问题的父母会以同样的方式对待自己的配偶和孩子，这对他们的夫妻关系以及孩子的成长都极有益处。目前，尚缺乏足够的研究告诉我们这二者中哪种是第一驱动力。但我更倾向于相信，情绪管理训练的技巧是第一驱动力。也就是说，懂得在情感上关爱孩子的父母，也懂得在情感上关爱自己的配偶，而这一做法对他们的婚姻关系极为有利。

我之所以有这样的猜测，是因为我们的研究清楚地显示了哪种婚姻相处之道才会带来稳定的婚姻。我在另一本书《婚姻成败之道》（*Why Marriages Succeed or Fail*）中收录了这项研究的详细内容。在这里，如果要用一句话来总结的话，那就是：如果你用第 3 章中提到的情绪管理训练技巧（情绪感知、感同身受地倾听、解决问题等）与配偶相处，你可能会收到可喜的结果。

在我们的研究中就有这样的实例：一位名叫安的母亲表示，通过帮助 2 岁的儿子认同情绪，她对自己情绪的感知能力也有所提高。这让她得以在夫妻关系中认同配偶的情绪，练习共情。

安是一位艺术家。“如果不认同彼此的情绪，真的很难相处。”安说道，“比如，如果我说‘我今天收到了拒绝信，我很失望’，我可不想听到丈夫回答‘那么你期待收到什么呢？他们都太忙了，没人有工夫搭理你’。我更愿意听到他说‘看得出来，被人拒绝了，你很失望’。”安现在理解，需要这种情感上的呵护和理解的，不只是自己的儿子，每一个家庭成员都需要。她和丈夫正在成为彼此的情绪管理训练导师。

避免婚姻关系的四大杀手

我们在对家庭和情绪的长期研究中发现，夫妻从婚姻矛盾最终走向离婚的边缘，实际上遵循着一种螺旋式下降的交流方式，这种态度和情感的表达方式最终导致婚姻的解体。这个过程通常会经过 4 个典型的步骤，我把它们称作“四大杀手”，又称末日四骑士。

它们就像先兆，预示灾难的来临，每一个骑士带来一个灾难，又为下一个灾难的来临铺平了道路，让夫妻双方很难交流，关注的焦点一直放在配偶的缺点和对婚姻的不满上。按照对婚姻关系的危害程度排列，这“四大杀手”为：批评、蔑视、防御和冷战。

我们还发现，这“四大杀手”不仅是危害夫妻关系的元凶，还会对孩子造成极大的伤害。当然，这一结果一点儿也不令人感到意外。也就是说，如果孩子成长的环境中充斥着父母对彼此的批评、蔑视、防御和冷战，孩子更容易受到婚姻冲突带来的伤害。

好消息是，我们利用这些发现，给父母提供了改善自身关系的建议，进而保护孩子免受婚姻矛盾带来的创伤。关于如何避免婚姻“四大杀手”，你将在下面读到一些建议，教你在处理有争议的问题时如何顺利应对。这些建议不仅对夫妻双方适用，还对已经分居或离婚的父母有益处，尤其是当他们需要共同解决有关孩子的问题时。

婚姻杀手一：批评。我在这里所说的批评，指的是针对配偶人格的负面评论，通常还伴随着指控对方的过失。

表面上看，批评或许和抱怨没有太大的区别，而抱怨可以对婚姻产生积极的效果，尤其是当一方感到自己的要求没有得到满足时。实际上，抱怨和批评有着重要的区别。抱怨针对的是具体的行为，而批评则是攻击一个人的人格。通过下面的例子，你将看出其中的区别：

抱怨：“你花这么多钱买衣服，我很担心我们的财务状况。”

批评：“你明知道我们有很多账单要付，还花这么多钱买衣服？你真是太爱慕虚荣，太自私了。”

抱怨：“你周五晚上出去和朋友玩，我一个人感到很孤单。”

批评：“你这人太不负责任了，每个周末都出去玩，让我一个人在家带孩子。你一点儿都不关心这个家。”

抱怨：“我希望你不要再把衣服扔在地上。这会让卧室看起来很脏乱。”

批评：“我不想再给你捡衣服了。你这人真是邋遢，不替别人着想。”

抱怨只是描述事实，而批评则会对对方的人格做出评价，并暗示对方应该怎么做。批评的言下之意是，你的配偶实在是糟糕透顶，他身上有严重的缺点，他简直是无可救药。例如，你不说“我希望你偶尔也能买点儿草莓味的冰激凌”，而是用批评的语气说“你为什么老是买巧克力薄荷味的？你早就应该知道我很讨厌吃”。

背叛，是批评的另一个惯用主题。例如，你不说“真希望你没迟到，能早点儿带着孩子来参加我母亲的派对；你让她很失望”，而会说“我原本相信你会带着孩子准时到我母亲的住处参加派对，你却又迟到了。我早就应该知道，你会再一次破坏一场家庭聚会”。

批评的另一个特点是以偏概全，例如“你从来都不做家务”“你总是让电话费暴涨”。

如果挫败感不能得到发泄，愤怒不能得到疏通，夫妻也会动用批评来攻击对方。一个人默默地生气，感到怒火中烧，配偶却无动于衷，不闻不问。当沉默的一方终于忍无可忍，再也压抑不住心中的愤怒时，他就会突然发作，发泄自己一肚子的委屈和怨言。这样做的结果就是我常说的“厨房水槽效应”（kitchen sinking），即批评者把一系列毫无关联的抱怨汇集到一起，比如："你每次来接我都迟到。你从来都不肯花时间陪孩子玩。你一点儿都不在意自己的形象。我们最后一次出去玩是什么时候？"如此密集的批评，在听者看来无疑是一种人格的侮辱。听到这些，他会感到很震惊、很受伤，甚至感到自己被冤枉了。所有这一切都在带领夫妻关系逼近另一个更危险的杀手——蔑视。

如何才能避免这种危险的批评方式呢？答案就是，当问题出现苗头时，就及时处理，不要等到太生气或伤心，自己忍无可忍时才发泄；通过具体的方式来表达心中的愤怒或不悦，言论要针对配偶的行为而不是其人格或性格；不要推责诿过；只关注当下，而不要一概而论；当表达心中的抱怨时，避免使用这样的句子作开场白："你本应该……""你总是……""你从来都不……"

EQ情商关键词

厨房水槽效应

即发散型谈话，本来在说厨房下水槽的事情，不知道为什么一下子转到其他话题上去了。

我们的研究表明，妻子比丈夫更喜欢批评对方。这可能是因为，妻子觉得把问题拿到桌面上来是自己职责范围内的事。而对丈夫而言，他们只会在迫不得已的时候才去面对和处理冲突。这是一种很不好的组合方式。很多情况下，正是因为丈夫对妻子的愤怒和想法无动于衷，她才会出言批评。如果妻子的抱怨不能从丈夫身上得到一个令人满意的回答，她的愤怒就会升级为批评。其实，丈夫可以把妻子的愤怒当作改善婚姻关系的契机，从而避免这种情况的发生。当妻子生气时，想象她只是换了一种方式来表达自己的抱怨。秘密就在于，丈夫要在妻子的愤怒升级为批评之前，接受并对她的情绪做出回应。

婚姻杀手二：蔑视。蔑视和批评有很多相似之处，但是更加极端。如果夫妻中的一方蔑视对方，他是有意要羞辱或在心理上伤害对方。当你对配偶的行为感到反感，不赞成，而又想报复时，蔑视就产生了。当你感到蔑视对方时，你满脑子装的都是贬低性的想法——他太无知了，令人生厌，不称职，真愚蠢。在婚姻中，越是坚持这样的想法，越是会淡忘配偶身上那些当初令你们走到一起的好品质。假以时日，赞美、爱意、爱抚的动作，就会在家庭中消失。善意的言行、正面的感受逐渐被恶语相向和消极的情绪所替代。

如果婚姻关系染上了蔑视的恶习，夫妻间就会出现羞辱、骂人，或讥笑、嘲弄之类的情况。当一方表示愤怒时，另一方会以忽视或贬低性的方式来回应对方，如纠正对方话语中的语法错误。配偶的身体语言，也让夫妻双方觉得对方不值得自己尊重或信任，如妻子在丈夫说话的时候翻白眼，丈夫则发出令人生厌的冷笑。

一旦夫妻关系被蔑视所掌控，你们需要花费很大的力气才能将它驱赶走。但只要你们愿意改变彼此的想法和言行，你们依然可以成功摆脱这一婚姻杀手。可以从改变自己的想法开始。首先，当蔑视的情绪升起时，倾听脑海中的潜台词。当听到自己将要说出侮辱或报复的话语时，试着抹去这样的想法，转而用更积极的想法来替代它们，如“这件事很令人沮丧，但生活并不总是这样”或“尽管我感到难过（失望、生气、悲伤、受伤），但他也有好的品质”。

你要常常记得，对配偶的行为做出消极或积极的评价，完全取决于你

自己。如果妻子没有扔垃圾，你可以有以下两种不同的想法。你可以对自己说："她觉得扔垃圾有点儿丢脸。她总觉得自己是个'女神'，想让我和家里的其他人跟在她后面收拾垃圾，真是妄自尊大！"你也可以这样想："她没带垃圾出去，是因为她没注意到垃圾篓满了。她可能正在想着别的事。或许她过一会儿就会扔了。"对比以上两种评价，你会发现，后者更积极，评价只关注于具体的、当下的事情——妻子今天是否扔垃圾，而没有对妻子的品格做出终生判决。

不要总想着在争论中赢过对方，仅仅是为了证明自己的品格更优秀。虽然做到这一点很难，但要努力尝试。婚姻中，适当在冲突面前妥协、弃权，未尝不是一种更明智的做法。

蔑视是婚姻的毒药，会扼杀夫妻间的敬重和爱意。解药就是对配偶多一些更积极、充满爱意的想法。有些夫妻觉得，回顾他们起初相爱的原因对增进夫妻感情很有帮助。你当初可能觉得她幽默、聪明、性感；他的善良、坚强和可爱深深吸引了你。留一些时间去回忆。如果有用，看看你们在一起的老照片，重温一下二人世界，呵护、重塑你们的感情。如果能做到这些，你们将在下一个婚姻杀手到来之前力挽狂澜。

婚姻杀手三：防御。如果配偶以蔑视的言行来攻击自己，你最自然的回应就是做出防御。然而，防御会给婚姻带来更大的麻烦，因为当夫妻双方都感到自己被对方攻击时，他们很难听进去对方说的话。他们反而会用推卸责任的方式来回应对方（"贾森在学校惹了麻烦，这不是我的错。他是你带大的"），或者为自己的行为找借口（"我是想去参加凯蒂的独奏会，但我得加班"）。

互相指控，是防御的另一种常见形式（丈夫批评妻子乱花钱，妻子就反过头去批评丈夫挣得太少）。还有典型的“是的，但是……”句型，表面上的同意只是一个过渡，“但是”后面的拒绝才是真正的转折（“是的，我们需要去接受婚姻咨询，但那也不会有什么效果”）。

有时，夫妻中的一方为了防御，会不停地一遍遍重复同一观点。不论配偶补充了什么额外的信息，或者解释了自己的想法和逻辑，另外一方依然坚持自己原有的观点。

夫妻还通过语调和身体语言来表示防御。最典型的方式就是哭诉。诉说者通过哭诉来表示自己是无辜的受害者，不应该对当前的问题负责任。双手抱在胸前，暗示自己处于戒备状态。女人会抚摸自己的脖颈，好像在摆弄自己的项链一样。

当然，当夫妻开始蔑视对方时，他们有想做出防御的欲望是自然而然的事。然而，这样做却会让他们骑虎难下，对婚姻关系毫无益处，因为各种形式的防御都会让夫妻间的交流通道关闭。

如何才能放弃防御呢？关键就在于，不把配偶的话语看作一种攻击，而把它看作是通过极端形式表达的有用信息。显然，这说起来容易，做起来难。但想象一下，如果一方开始卸掉防备，事情会出现怎样的转机。当你的伴侣对你做出羞辱的言行时，你没有去反击他说的话，也没有以羞辱的言行反驳他，而是发现他的话语里隐藏着一部分事实，所以停下来思考了一会儿。然后，你回应道：“我从来没想到，你会对这件事有这么大的反应。看来我们真的需要坐下来好好谈谈了。”听到这些话，你的配偶一开始可能会感到吃惊，有点儿不相信这是你的心声，甚至会让你们之间的紧张气氛在短时期内加剧。但假以时日，随着你慢慢完全卸掉防备，脱掉盔甲，放下武器，你的配偶会逐渐明白，你真心希望事情出现转机。他将知道，你在乎这段关系，希望你们的生活能够更加和谐。

婚姻杀手四：冷战。如果夫妻双方不能和解，继续让批评、蔑视和防御来控制自己的婚姻，他们极有可能会遇到第四个婚姻杀手：冷战。当夫妻关系变得极为紧张，其中一方宣布退出争论时，第四个婚姻杀手就登场了。夫妻关系开始出现冷战，其中一人在两人的关系中筑起一堵高墙，无论对方说什么，他都无动于衷，不做出任何表态。我们把这种主动封闭自我的人称为冷战者。

研究中，85% 的冷战者都是男性。对这一结果，我们并不感到意外。男性在面对婚姻冲突时，有着更强烈的生理反应，所以更倾向于尽快从中逃离。男性和女性在生理上的不同反应也促成了这一现象的出现。男性比女性更容易被婚姻冲突所纠缠，即使是不与配偶在一起的情况下，也依然感到沮丧。相比而言，女性则要好很多。在采访中，这些进行冷战的男性普遍认为，自己的沉默是“中性”的，对婚姻是无害的。男性并不理解，自己的妻子常常因为自己的沉默、不回应的态度而沮丧。他们更不知道，当他们沉默时，妻子认为他们在装模作样，对婚姻关系漠不关心，甚至是对妻子观点的一种无声的否定。男性之所以选择沉默，是因为他们担心言语会让夫妻间的紧张感加剧。然而，尽管他们摆出冷战的态度是出于好意，但研究认为，在面对婚姻冲突时，习惯性沉默会让夫妻关系出现更多问题。除非夫妻双方都愿意坐下来谈谈，否则问题不会得到解决，冷战将会升级。女性比男性更愿意从周围的环境中寻找情感提示，而不是纯粹依赖自己的感觉。这就是为什么女性比男性更愿意留守在一段破裂的婚姻中，哪怕这段关系对她们的健康很不利。

如果发觉自己开始出现冷战状态，并愿意做出改变，建议你们在谈话过程中，有意识地给对方多一些反馈。就算只是点头的动作或者“嗯”“呵”的语气词，也能让讲话的人知道，你听到了他说的话。这种简单的认同一样能改善夫妻关系。接下来，冷战者可以开启更深层次的互动，比如在听配偶讲完一段话后，说出自己的看法。

有些人在面对压力时，会不自觉地产生一些生理反应，这阻碍了彼此的交流。正因为如此，很多愿意停止冷战、开启交流的夫妇希望能尝试一些新的方法，帮助他们在谈论敏感话题时保持平静。在我们的研究对象中，有些夫妻在争论时会观察自己的脉搏，这种方法被证明的确有效。当他们发现自己的心率比正常的静息心率高出 20 次 / 分钟时，他们就会选择暂停谈话。当他们感到放松下来后，再重新回到谈话中去。如果你想尝试这种方法，建议你们把中场休息的时间控制在半小时以内。这个时间足够让你从过度警觉的状态中得到平复，又避免把问题搁置，为关系的改善埋下隐患。在中场休息阶段，如何处理自己的想法和紧张感很重要。深呼吸、放松、有氧运动等都会让你恢复平静。如果可能的话，尽量放下对配偶的敌意，摒弃那些报复性、令人痛苦的想法，关注积极、乐观、令人欣慰的信息。

如果你想了解关于击退婚姻“四大杀手”、改善婚姻关系的更多信息，请参考我的另一本书《婚姻成败之道》。对父母而言，最重要的是要知道，那些让婚姻破裂的元素，也是让孩子痛苦的根由。但如果父母愿意共同努力，实现彼此间良好的沟通，孩子将从中受益。即使是离异的父母，他们的努力也将收到回报。

婚姻冲突的应对策略

在婚姻中实践情绪管理训练的同时，父母还可以借助一些实用的建议，保护孩子免受婚姻冲突带来的伤害。如果父母对婚姻冲突进行有效的管理，孩子就不会被无端卷入父母的冲突中，更不会觉得自己应该为父母的冲突负责。这要求父母使用情绪管理训练中坦诚、开放的方式与孩子交流。除此之外，在家庭以外为孩子寻求可信任的社会支持，也很有必要。

不要把孩子当作婚姻冲突的武器。正是因为每一对父母都很珍惜与孩子的感情，当生气的时候，他们甚至会借用这种感情来伤害对方。对离异的父母来说，这种手段更是司空见惯。离婚后，拥有监护权的一方会限制前任配偶看望孩子的权利。特别是当前妻感到自己被前夫背叛，又无力反抗时，她会把接近孩子的权利当作唯一可以影响对方的手段。如果没有监护权的父亲不能给孩子提供情感上或金钱上的支持，这对曾经的夫妻之间的关系就会被激化，进而让孩子的母亲觉得更加有正当理由限制对方接触孩子。

当夫妻反目时，他们还会通过挑唆孩子对配偶的感情，来达到伤害对方的目的。通过说对方的坏话（不管真实与否），或在夫妻争吵时，让孩子选择和谁站在一边，来达到报复对方的目的。

在我看来，**父母中的一方故意让孩子疏远与另一个人的关系，是家庭冲突中父母对孩子做的最残忍的事情之一。**对深爱父母双方，想对二人都保持忠诚，并觉得有义务保护父母免受对方伤害的孩子来说，这样的行为让他陷入一种对冲突厌恶和恐惧的痛苦中。如果经常让孩子卷入大人的冲突中，他会逐渐觉得自己对家庭矛盾负有责任，因而也应该负责修复家庭关系。但事实显而易见，对于维持父母的关系，孩子几乎什么都做不了；这让孩子在一种无助、困惑和挫败感中彷徨。

孩子大都需要父母双方的爱，尤其在父母关系出现矛盾时，他更是在试着努力应对。而如果这时父母的一方利用他来攻击另一方，孩子就像足球赛中的足球，被踢来踢去。在这场比赛中，真正的输家是孩子。

如果父母长期受婚姻冲突所困，那么我建议他们为自己的家庭生活划清界限，将婚姻生活和亲子生活分开。通过这种方式，父母在脑海中鲜明地区分自己的两种角色：父母的角色和冲突中的配偶角色。作为父母，他们应该尽自己一切努力，让孩子感到安全，让孩子拥有父母二人的爱，即使这样做需要放弃自己一部分权力。

冲突中的夫妻应该尽量避免用指责或批评的口吻来评价对方，因为那样做会破坏孩子与另一方的感情，让他产生不忠、愧疚的感觉，增加他的紧张感。如果你想诚实地做到这一点，那么请多关注婚姻冲突中积极的一面。你可以告诉孩子，爸爸妈妈有争论是因为彼此持不同的意见，你们正在努力寻找问题的解决方案。

不要让孩子夹在你们中间。在冲突不断的家庭中，孩子出面为爸爸妈妈调停的情况并不罕见。一些研究者认为，孩子的这种行为完全是他们试图调控自己情绪的一种尝试。孩子为家庭的混乱状况感到惊恐，急切地想做点儿什么去改变现状，所以他们不自觉地承担了一种业余婚姻咨询师或裁判的角色。然而，对孩子来说，让整个家庭团结如一是一件难以胜任的工作，他的插手甚至还会增添更多的问题。

如果你感觉孩子在尝试成为你们的调停人，那你就要意识到，家里的冲突可能太过激烈了。为了孩子的心理健康着想，你必须让战争缓和下来。这时，该是情绪管理训练技巧登场的时候了。通过这些技巧，了解孩子的感受，对他进行共情。如果你的孩子还很幼小，要让他知道，他无须去照顾自己的父母，告诉他，这是成年人自己需要解决的问题，并向他保证，家里的每一个人都会安然无恙。如果你的孩子已经足够大了，你们的谈话可以更深刻一些，但也要传递同样的信息——爸爸妈妈之间的问题需要自己来解决，他不需要为此负责。

与此同时，要认可孩子的感受。听到爸爸妈妈争吵，他感到很难过，但要让他知道，这些争吵是必要的，它能帮助爸爸妈妈解决问题。同时，向孩子保证，爸爸和妈妈正在寻找方法让一切变得更好。

出于同样的原因，要让孩子知道，他不是你们夫妻间问题的根源。研究者表示，当孩子足够大，能理解父母争吵的内容时，如果听到父母争吵的内容和自己有关，他就会感受到更多的紧张。他会感觉羞愧、自责，害怕自己被牵连进这场冲突中。如果发生这样的事，你应该告诉孩子："关于这件事该怎么做，爸爸妈妈有不同的意见，但这并不是你的错。"

为了避免孩子被卷入父母的纷争中，不要让他成为帮你们处理矛盾的中间人。想象一下，如果让孩子转达连父母自己都不愿意传递的信息，孩子的压力会有多大（"你去告诉你爸爸，我不想让他在没有通知我的情况下去学校接你”)。

父母也不应该让孩子对另一方保守秘密。这样的行为会成为家庭关系中骗局的示范，这只能让孩子觉得，你和家里的其他人都是不值得信任的。孩子需要知道，他能向父母中的任何一人谈论任何事情，而不用担心这样做是否会辜负另一个人的信任。孩子需要知道，即使爸爸妈妈意见不合，两个大人也会为孩子着想，努力让事情好转。但如果让孩子去保守秘密，则会让这一切成为泡影。

矛盾解决时，让孩子知道。正如孩子看到父母争吵时会感到痛苦，当他知道爸爸妈妈达成和解时，也会感到如释重负。马克·卡明斯所做的研究表明，在见到父母争吵后，孩子往往会表现出苦恼的样子，变得爱攻击人。但当知道父母之间的分歧已经解决时，他就会平静许多。卡明斯还发现，不同程度的和解时，对孩子也有不同的影响。例如，当看到父母通过互相道歉的方式达成和解时，孩子的反应会更积极一些。但如果和解的方式很微妙，比如父母只是换了个话题，或者一方向另一方妥协，孩子的反应则不会这么积极。如果父母继续沉默不语，或继续吵吵闹闹，孩子则会出现更严重的负面反应。

除此之外，卡明斯还发现，和解背后的情绪对孩子而言也很重要。也就是说，孩子能够分辨出来父母在道歉时是否带着愤怒，或仅仅是无可奈何地妥协。当然，幼小的孩子很难理解和解或原谅的深层次含义。对他们而言，如果父母做出身体语言的提示，告诉他们父母已经和好如初，将对他们很有好处。例如，父母热情地拥抱，就会让孩子知道，父母又重归于好了。

为孩子建立情感支持网络。如果父母之间的矛盾继续激化，年龄稍大一点儿的孩子，尤其是十几岁的孩子，会试着从纷繁的家庭混乱中脱身，从家人以外的人身上寻找情感支持。他们会花更长的时间和同伴在一起，或者专注于自己的某些兴趣。他们会试着融入那些没有这么多家庭烦恼的朋友或亲戚的家庭。尽管孩子从家庭中退缩是一件令人沮丧的事，但这也可以成为帮助孩子安然度过婚姻危机的一种积极策略，问题的关键在于他接触的人和活动能不能给他带来积极正面的影响。

然而，对很多孩子来说，这些都是空谈。在他们的生活中，并没有可靠的、有责任心的大人为他们提供指引。他们也没有机会通过课余活动来排解心情，如运动、课业活动、艺术活动等。在这种情况下，孩子极有可能会沾染上有害的生活习惯。研究显示，经历家庭矛盾的孩子更容易陷入偏常群体中，出现犯罪行为的概率也更高。

因此，当婚姻出现矛盾时，自顾不暇的父母更应该花费精力去关注孩子身边的朋友及其参加的活动。你需要知道他是如何生活的，他都和谁在一起。与他的朋友的父母保持联系，尽你所能去监督孩子的活动。给孩子的老师和辅导员打电话，让他们知道，你的家庭正在经历一些困难，如果他们能给你的孩子提供支持，留意他的情况，你会非常感激。在孩子的生活中，需要一些能够给他支持的、可以信赖的大人，如教练、老师、叔叔、阿姨、邻居、祖父母、朋友的父母等。当出现问题时，他可以去找他们，从他们身上得到安慰和支持。

当经历家庭危机时，年龄较小的孩子不能像大孩子一样行走自如，去家庭外面的世界寻求情感支持。然而，这并不表示他们不需要这样的情感庇护。你需要和孩子的幼儿园老师或护理人员谈一谈。让他们知道，你的家庭正处于艰难时期，请求他们在这种情况下多给你的孩子一些耐心和呵护。经常带孩子去别的家庭串门，增加亲戚间的走动，这会让孩子找到一种归属感和情感上的支持。

利用情绪管理训练谈论婚姻冲突。当婚姻冲突让整个家庭混乱不安时，也正是孩子最需要接受情绪管理训练的时候。和配偶之间的情感冲突已经让你过度悲伤和气愤了，你可能发现自己已经没有多余的精力来与孩子分享自己的情绪。然而，你要考虑到，孩子的感觉也很糟糕，需要一些应对情绪的指导。

在你情绪相对平静的时候，安排一个时间，和孩子谈一下他对家里发生的情况的感受。你可以这样做开场白："当我和你爸爸争吵的时候，我发现你很沉默，回自己的房间里去了。我们的争吵是不是让你很失落？"鼓励他说出自己感受到的悲伤、恐惧或愤怒。感同身受地倾听，帮助他标注自己的情绪。你会意外地发现，孩子心中潜藏的某种恐惧可能是你以前从未预料到的。他担心你和爸爸会离婚，而他可能再也见不到你们其中的一个；他可能也在担心自己以后要住在哪儿，爸爸或妈妈独自一人如何才能负担自己生活的费用；或者，他担心自己可能就是你们婚姻冲突的罪魁祸首，因而感到愧疚、痛苦自责；又或者，他自己都不清楚在恐惧什么，他只是觉得事情很不妙，为接下来将要发生什么感到惶恐不安。不论他说什么，都需要让他知道，尽管爸爸妈妈出现了矛盾，但你们两人还会像以前那样爱他，会继续照顾他。根据当时的情况，你可以告诉他，尽管爸爸妈妈正在经历一些问题，但分居或离婚是不可能发生的事情。或者，如果你在考虑分居，这正好是你告诉他这个计划的好时机。不论结果如何，你要让孩子知道，这一切都不是他的过错，他也没有责任帮你们解决问题。告诉他，爸爸妈妈正在努力找出对每个人都好的解决方案，你会及时告诉他事情的进展情况。

解释了你们的处境以后，接下来就可以帮助孩子表达自己的感受了。通过这个机会，你可以帮助孩子找出一些应对自己悲伤、愤怒等情绪的方法。可以带孩子见某位专门为问题家庭的孩子提供指导的心理顾问，或者让孩子加入一个专门为经历父母矛盾的孩子而成立的团体。写日记、画画，或其他艺术形式的表达方式，也能给孩子带来安慰。关于如何为自己的情绪找到出口，问问他有什么想法，但不要期待会有奇迹发生。我们的研究显示，在面对父母婚姻破裂时，接受情绪管理训练的孩子相对来说适应得更快一些，但他们经历的悲伤和其他孩子别无二致。考虑到这种情况，父母所能做的只是肯定孩子的感受，告诉他有这种悲伤情绪是完全正常的，也是被允许和可以理解的。

情绪管理训练不但能帮助家庭成员安然度过婚姻动荡期，如果离婚真的发生了，它还能继续发挥作用，帮助孩子应对后续的问题，比如抚养权问题，或者继父母问题。例如，一个离异母亲发现女儿对自己考虑再婚的计划很焦虑，这时，这位母亲就可以使用情绪管理训练的技巧来谈论这个敏感话题。她可以这样说："你最近好像有什么心事，是在为婚礼后会发生什么事情而担心吗？"或者这样说："通常情况下，孩子对继父搬到家里来都会很不安。他们担心自己会不喜欢这个新爸爸，或者担心如果喜欢这个新爸爸，自己的亲爸爸就会生气。你有这样类似的感受吗？"

当然，与孩子谈论婚姻冲突，这样的谈话从来都不轻松。你甚至都不知道该如何开口，不知道孩子会如何回应。然而，你要知道，提起这个话题，就已经表明你愿意和孩子保持心灵上的亲密感。尼古拉斯·齐尔关于离婚长期影响的研究结果：经历过父母离婚的孩子，在父母离婚多年以后，相比于父母关系稳定的人，与父母的关系更为疏远。尽管我们的研究尚未说明接受情绪管理训练的离婚家庭是如何度过孩子的青春期的，但我们可以想象，这种交流方式拉近了父母与孩子之间的距离。情绪管理训练或许能让父母与孩子保持一种坚固的感情联结，让孩子能安然度过父母婚姻冲突带来的混乱和改变，直到成年后也依然可以与父母保持着良好的感情。

关注孩子的日常生活。保护孩子免受婚姻冲突带来的负面影响，关键就在于在情感上给予孩子全面的支持。这就需要父母多关注孩子日常生活中的琐事，因为这正是孩子情感变化的根源，即便这些事情可能与父母的婚姻问题毫无关系。当父母的世界发生翻天覆地的变化时，孩子的日常生活却还要继续。例如，幼小的孩子对新来的保姆紧张不安，或者对第一次睡大床感到紧张。年龄大点儿的孩子可能对数学课程很受挫，或者对拥挤的教室感到焦虑。如果父母能在应对婚姻冲突之余，抽出时间对孩子的这些日常问题进行情绪管理训练，那么孩子将从中受益良多。孩子需要与父母在情感上保持亲密，尤其是当家庭出现问题时。

高情商教养要点 EQ

- 真正对孩子造成伤害的不是父母之间的冲突，而是他们处理冲突的方式。
- 婚姻冲突将对孩子的身体健康、情绪健康产生深远的影响，还会影响到他们与同伴相处的能力。

- 如果生活在父母冲突的压力之下，孩子的自主神经系统的发育将受到影响，这将从根本上决定孩子应对变化的能力。
- 孩子适度地见证一些正面婚姻冲突，对孩子的成长有好处，尤其是看到父母在尊重对方的前提下，提出不同的见解，并努力找出解决问题的方案时。
- 如果经常让孩子卷入大人的冲突中，他会逐渐觉得自己对家庭矛盾负有责任，因而也应该负责修复家庭关系。

06

父亲参与力

高情商父亲养育法则

想象一下，3 个不同的男人，在傍晚的时候各自回到家里。他们都年近 40 岁，有两个孩子：一个 8 岁的儿子和一个 10 岁的女儿。回家时，他们每个人手里都拿着一份报纸，掏出钥匙开门。门打开以后，他们之间的相同点消失了。

第一个男人回到了一处昏暗的公寓里。电话的语音留言里传出前妻熟悉的声音，简明扼要地提醒他，今天是女儿的生日。

“我记得的。”他喃喃地说，接着拨通了长途电话。当听到电话那头是女儿的声音，而不是前妻的声音时，他深呼了一口气。

“宝贝，生日快乐！”

“嗨，老爸。”女孩平静地说。

一阵尴尬的沉默后，男人开口问道："寄给你的礼物，收到了吗？"

"收到了，谢谢。"

"你喜欢吗？商店里的人告诉我那是最新款。"

"是的，挺好的，只是……"

"只是什么？"

"是这样，我现在不再那么喜欢芭比娃娃了。"

"噢，这样子啊。没问题，我们还能退。等你圣诞节来看我时，我给你准备一样特别的礼物，好吗？"

"好的。"

"那个什么……最近过得怎么样啊？"

"还可以吧。"

"学校里一切顺利吗？"

"还不错。"

"你弟弟怎么样？"

"他挺好的。"

他们的谈话就这样继续着，爸爸像个质问者，女儿像个不情愿招供的目击证人。最后，男人自言自语地说道，等她和弟弟12月过来玩时，他们一定会玩得很开心。男人挂了电话，感到空虚、沮丧。

* * *

第二个男人回到一个灯光明亮的住处，屋子里飘着饭菜的香味。他的鼻子告诉他，妻子今晚准备的晚餐应该是意大利菜。

“小家伙们！”他边向正忙着玩电子游戏的孩子们打招呼，边用他手中的报纸爱抚般地拍了下每个孩子，然后径直走向厨房，准备帮妻子准备晚饭。

当孩子们在餐桌前就座后，他问孩子们：“今天上学怎么样啊？”

“很好。”孩子们齐声回答道。

“学到什么东西了吗？”

“没什么特别的。”女儿咕哝着。

“我们在学乘法表。”儿子主动地说。

“很好。”爸爸随意地回道，然后转过去问妻子，“对了，那个人打电话问房产抵押的事了吗？”

“你想听我背4倍乘法表吗？”儿子打断道。

“儿子，现在不行，”爸爸厌烦地说道，“我正在和你妈妈讲话。”

儿子陷入沉默，听着父母讨论重新申请贷款的好处和坏处。趁着他们停下来的空当，儿子再次做出尝试：“嗨，爸爸，想听我背 4 倍乘法表吗？”

“不想，尤其是在你满嘴都是蒜味面包的时候。”爸爸嘲讽道。儿子还是不气馁，喝了一大口牛奶，开始背道：“一四得四，二四得八，三四……”

当儿子终于背到 12 乘 4 时，爸爸平静地说了句：“很好。”

“想听我背 5 倍乘法表吗？”儿子问道。

“晚些时候吧，”爸爸回答道，“现在，你去和姐姐继续玩刚才的游戏吧。我和妈妈有事要谈。”

* * *

第三个男人打开门后，家里的场景和第二个男人的差不多。妻子在做饭，孩子们正忙着打电子游戏。但等每个人在饭桌前落座后，对话以另一种截然不同的方式展开了。

“今天学校里发生了什么事啊？”男人问道。

“没什么。”孩子们齐声回答。

“课间休息时，有没有试试你的新棒球手套啊？”他问儿子。

“对，试了一下。”

“是正如你所愿，打的一垒吗？”

“没错。”

“今天彼得没挤兑你吧？”

“没，他今天态度挺好的。他打的二垒。我们配合得不错。”

“那真棒啊！你击球的水平提高了吗？”

“还是很差劲！我有两次都打空了。”

“哦，那真是不怎么样。可能还是需要多练习。”

“嗯，或许吧。”

“晚饭后，我陪你一起练习投接球，你看怎么样？”

“好呀！”

“你今天怎么样啊？”他转过去问女儿。

“什么呀？”女儿回道，一副不愿意多说的样子。

“今天过得顺利吗？”

“还行吧。”她回道，很显然在为什么事发愁。

“布朗女士觉得你们的二重唱怎么样？”

“我们今天没唱。凯茜生病了。”

“又生病了？是她的哮喘病复发了吗？”

“我猜是吧。”

“那真不幸。好吧，至少让你又多出些时间去练习这首曲子。”

“我都练烦了，老爸。”

“是，一遍遍排练同一首曲子，是会让人觉得烦，不是吗？”

“我再也不想吹长笛了。”女儿宣布。

接下来，男人继续倾听女儿倒苦水，然后指导她如何应对这种沮丧的感觉。

通过这种一对一的比较，我们很容易发现，不同的父亲在参与孩子生活方面有着极大的差异。第三个父亲似乎熟知孩子生活中的很多细节，孩子朋友的名字、每天的活动、在操场上面临的挑战等。这些对孩子日常生活的了解，让他能够给孩子情感上的支持和引导。相比之下，第二个男人满脑袋想的都是别的事情，当孩子试图吸引他的注意时，他却表现得漠不关心，甚至显露出轻蔑的态度。而第一个男人，与孩子分隔两地，对女儿的生活知之甚少，甚至不能与孩子很好地交流。

心理学家很早就发现，父亲在养育儿女过程中的参与程度至关重要。大量的科学研究证据表明，参与家庭生活，尤其是在情感上支持孩子的父亲，对孩子的幸福生活有着独一无二的影响。父亲影响孩子的方式，有一些是母亲无法做到的，尤其在同伴关系、学业成绩等方面。研究还显示，缺少父亲关爱的男孩很难在男性气概和自我控制方面做好平衡。因此，他们将无从学习自我控制和延迟满足感。随着他们渐渐长大，开始建立友谊，追求学业成绩和职业发展，这些技能将显得越来越重要。如果有了父亲积极的参与，女孩将在学业和职业发展上更有潜力。虽然这一结论目前尚缺乏强有力的科学研究证据，但可以肯定的是，有父亲陪伴和支持的女孩，在年轻时出现性生活混乱的概率较低，在成年后更愿意经营健康的恋爱关系。

研究还表明，父亲对孩子的影响是长久而深远的。一项开始于 20 世纪 50 年代的研究显示，相比于那些缺少父亲关爱的孩子，在 5 岁时有父亲陪伴和支持的孩子，长大以后更加有同理心，更能体会他人的感受。当这些孩子长到 41 岁时，感受到父亲温暖爱意的人有着更好的社会关系，具体表现为拥有长久、幸福的婚姻，有自己的孩子，常与家庭以外的人一起参加休闲活动。

在美国家庭历史发展的关键时期，这些研究发现纷纷涌现。你只需打开晚间新闻，就能听到各种呼吁父亲转变现有社会角色的声音。从飙升的离婚率到越来越多未婚生育的孩子，从高发的青少年暴力犯罪到逐年增加的社会问题，政府官员、宗教领袖和社会活动家都在呼吁男性肩负起更多养育孩子的职责。他们都在发出一个共同的声音——男人们该回家了。

我们所做的研究，支持了这一观点：孩子的确需要父亲。但我们的研究也发出了不同的声音：不是什么样的父亲都能让孩子受益。只有在情感上支持孩子，认同孩子感受，在孩子苦恼时给予安慰的父亲，才能让孩子更幸福地成长。同样的道理，一个有暴力倾向，过分指责、羞辱孩子，在情感上冷漠无情的父亲，对孩子百害而无一益。

父亲角色的转变

为了理解父亲的参与和情感上的支持将对孩子产生多么重大的影响，我们有必要先来回顾一下家庭的历史演变。在过去的几代人中，父亲从影响孩子幸福的关键角色沦落为在很大程度上可有可无的角色。高离婚率和大量的未婚妈妈，导致很多孩子生活在父爱缺失的成长环境中。在很多孩子的印象里，爸爸就是一个原来住这里后来又走了的人，或者是那个应该提供赡养费却没有做到的人。

历史学家把这种转变追溯到了200年前的工业革命。从那时起，男人们开始在远离妻子和孩子的地方，开展每日的工作和生活。直到20世纪60年代，经济形势的变化和新时代女权主义的呼声才给了父权主导的家族系统致命的一击。从那以后，女人们开始大批进入工作领域。1960年，在孩子年龄小于6岁的母亲中，只有19%的人外出参加工作。到1990年，这一数字已经攀升至59%。在这段时期里，劳动报酬的平均偿付能力急速下降，这让很多家庭意识到，一张工资单已经远远不足以支持整个家庭。1960年，父亲为唯一经济来源的家庭数占总数目的42%，而在1988年，这一数字骤降至15%。

“这种改变宣布了传统的父亲身份和财政角色已经过时。”历史学家罗伯特·格里斯沃尔德（Robert Griswold）在《美国的父权》（*Fatherhood in America*）一书中写道，“女人们参加工作，实际上颠覆了旧有的父亲身份，一种新的性别关系呼之欲出。”

与此同时，婚姻传统也逐渐被侵蚀。从1960年到1987年，美国离婚率上升了一倍。今天，美国初婚家庭中有一半以上最后以离婚收场。密歇根大学的一项研究预测，初婚家庭的离婚率最高可能会达到67%。未婚妈妈生育孩子，这样的现象变得越来越寻常。在美国所有出生的孩子中，有1/3的孩子是未婚妈妈生育的。

现在的父亲因为少了婚姻纽带的束缚，更倾向于完全放弃自己对孩子应有的职责。除非父母关系稳定，否则孩子将得不到父亲任何形式的支持，包括经济上和情感上。

在很多人逃避父亲责任的同时，另外一些人则看到了增进与孩子感情的好机会。他们利用这些机会，更多地参与到孩子的生活中。**研究显示，父亲开始担当起比以往更多的育儿职责，这一现象在双职工家庭中表现得尤为明显。**如今，父亲更愿意与妻子一起见证孩子的出生，他们要求育婴假和更灵活的工作时间，甚至削减工作时间，放弃升职机会，只为了有更多的时间和孩子相处。

虽然这些变化令人深感欣慰，但有证据显示，父亲参与孩子生活的这种趋势进展颇为缓慢。有人把问题归咎于雇主，认为男性员工在工作上很难享有足够的自由，阻碍他们成为称职的父亲。最近一项针对美国大中型企业的调查显示，只有 18% 的男性雇员享受无薪的育婴假，而享受带薪育婴假的男性雇员仅占 1%。待遇优厚的兼职工作很难找到，而一旦他们拒绝加班，或者不愿为了工作原因拖家带口搬到另一个城市，他们的职位就会岌岌可危。

还有人指责法庭，他们认为，如果法庭继续不公正地对待父亲，孩子生活中父亲角色的缺失这一状况将不会得到太大改善。在父母离异的孩子中，90% 的监护权被判给了他们的母亲。

还有人认为，问题的根源在于父亲没有主动地参与孩子日常的生活。我们的研究人员估计，在双职工家庭中，父亲与孩子互动的时间是母亲与孩子互动时间的 1/3。在照顾孩子的过程中，只有 10% 的时间有父亲们的参与。除此之外，当父亲帮助照看孩子时，他们仅仅是担当“保姆”的角色；也就是说，他们依赖妻子去给他们安排任务，提供说明和指导，而不是积极主动地独立应对。

父亲的参与给孩子带来大不同

如果父亲不在身边，与孩子关系疏远，无暇理会他们，孩子会失去什么呢？儿童发展的相关研究告诉我们，孩子们因此失去的要远比少了母亲的帮助多得多。在与孩子相处的方式上，父亲与母亲有很大的不同，父亲参与孩子的生活，能让孩子向着不同的目标发展，具有独特的竞争力，尤其在社会关系方面。

父亲的影响力从孩子很小的时候就已经开始显现了。一项调查显示，5 个月大的男婴如果与父亲有很多的接触，就会在陌生人面前显得更加自在。这些婴儿会向陌生人发出声音，更愿意让陌生人抱抱。相比之下，那些与父亲互动较少的婴儿则不然。另一项研究表明，1 岁的宝宝，在与父亲有更多接触的情况下，单独和陌生人相处时，哭闹更少。

很多研究者认为，父亲常常通过做游戏来影响孩子。父亲在与孩子相处时，其中一大部分时间都被用于做游戏。除此之外，父亲还常常和孩子玩一些更刺激、需要更多体能的游戏，而母亲和孩子在一起时则不然。迈克尔·约格曼（Michael Yogman）和贝莉·布雷泽尔顿（T. Berry Brazelton）是一对留心观察的父母。他们发现，相比于母亲，父亲和孩子说得更少，但他们更多地去抚摸孩子。父亲常常发出有节奏、有韵律的声响去吸引婴儿的注意。父亲和婴儿之间的游戏，就像带孩子坐上了情绪过山车一样，从小小的兴趣点开始，直到后来的兴奋无比。相比之下，母亲会选择保守的游戏，让婴儿的情绪保持在一个平稳的水平上。

这样的差异会一直持续到孩子的童年时期。父亲会和孩子们打成一片，举高高、蹦蹦跳、挠痒痒，经常和孩子玩一些与众不同的游戏；母亲则更愿意选择一些保守的游戏，如躲猫猫、拍手、读书、玩娃娃、猜字谜。

很多心理学家认为，父亲式的喧闹游戏，给孩子提供了学习情感的重要渠道。想象一下，父亲装作是“可怕的大熊”，追在一个快乐的、蹒跚学步的孩子身后，或者将孩子举过头顶转圈，玩“开飞机”。这样的游戏，让孩子体验到一种轻微的害怕，同时又很兴奋、愉悦的感觉，并让他通过观察，学会积极地回应父亲的提示。孩子会发现，发出长而尖的叫声或者咯咯地笑，会让父亲开心，并让游戏持续下去。他也能读懂父亲暗示游戏结束的信号（“好了，这次就到这儿吧”），进而学会如何从兴奋的状态过渡到平静的状态。

当孩子走出家门，和同伴们相处时，这些技巧就会显得尤为重要。他们经常在家里和父亲打闹，因而知道在大家情绪变得高涨时该做些什么，知道如何在游戏中玩得尽兴，如何在游戏中表现得既不呆板而又不至于失控，如何把情绪保持在快乐玩耍的最佳水平。

罗斯·帕克和凯文·麦克唐纳（Kevin MacDonald）对3~4岁的孩子所做的一项研究，证明了父亲与孩子的互动方式与孩子受欢迎程度之间的联系。通过观察一个持续20分钟的孩子和父亲玩游戏的环节，研究者最终发现，那些经常和父亲一起玩体能游戏的孩子在同伴中更受欢迎。在这项研究中，研究者还发现了一个有趣却重要的事实：只有当父亲喜欢与孩子玩体能游戏，但又不爱指挥，不强迫孩子去做什么时，以后孩子才能真正受人欢迎。如果父亲是那种喜欢体能游戏但又爱发号施令的人，这些孩子的得分将会最低。

其他一些研究给出了相似的证据。研究者发现，从大体上看，如果父亲保持乐观、积极的态度与孩子互动，并允许孩子主导游戏的方向，这些孩子长大后会拥有更好的社交技能。

这些发现与我们的研究成果不谋而合：**父亲要避免指责、羞辱、贬低、强势。做到这一点对孩子极为重要。**在我们的研究中，表现出更好的人际关系、学业成绩更优秀的孩子，都是那些在情绪上得到父亲认可、得到父亲称赞的孩子。这些父亲可以被称得上是“情绪管理训练导师”，他们既不会忽视也不会压抑孩子的消极情绪，而是对孩子共情，为孩子提供指引，帮助孩子学习如何应对消极情绪。

例如，在父母教孩子玩电子游戏的环节中，情绪管理训练型父亲会为孩子打气，给孩子提供适当的指引，但不会剥夺孩子积极探索的权利。他们还常常使用鹰架式教学法，这在前面的章节中已经提到过。他们把孩子每一个小小的成就，视为孩子自身能力不断提高的证据。通过一句简单的“做得好，儿子”或“我就知道，你一定行”，父亲让孩子的每一个成就成为下一阶段自信心的基石。这些赞扬给孩子信心，让孩子不断向前，不断学习。

相反地，在我们的研究中，学业成绩和人际关系较差的孩子的父亲往往是那些冷漠、专权、轻蔑、强势的人。在电子游戏环节，他们用羞辱的话语来刺激孩子，对孩子的错误进行嘲讽、指责。如果游戏进行得不太顺利，他们甚至会把游戏主动权抢过去，用这一切告诉孩子，他的能力不行。

3年后，我们对这些家庭进行了回访，并接触了这些孩子的老师。我们发现，经常被父亲羞辱、否定的孩子出现行为问题的概率很大。他们对朋友表现出攻击性，在学校里经常惹麻烦，甚至还有青少年犯罪和暴力倾向。

当然，我们的研究显示，母亲与孩子的互动也极为重要，但我们发现，相比于通过观察母亲与孩子的互动，通过观察父亲与孩子的相处方式，我们往往能更清楚地预测孩子未来在学业和人际交往方面的成败。这个发现的确很令人吃惊，因为通常情况下，母亲与孩子相处的时间要比父亲多得多。我们认为，父亲之所以在孩子身上有如此强大的影响力，是因为父亲与孩子之间的关系最能激发孩子的情绪潜能。

陪伴孩子，在情感上理解孩子

亲近孩子对父亲来说未必那么难。然而，心理学家罗纳尔多·利凡特（Ronald Levant）在《男性的重建》（*Masculinity Reconstructed*）一书中提到，现今很多男性都很难为自己的父亲角色定义。“婴儿潮的男孩们长大了，当上了父亲，但有人对他们说，他们从父辈身上学到的关于做父亲的一切已经不再适用了。对他们的父辈来说，父亲就是那个努力工作、不常在家、经常批评、很少夸奖、冷漠无情、常发脾气的男人。这一切都已经过时了，”利凡特在书中写道，“如今，男人应该周到、开明、善解人意，要陪伴孩子，融入孩子的生活……唯一的问题是，很多男性都不知道该如何成为这样的‘父亲’，这可能是因为他们自己的父亲就不是这样的。”

古时候，父亲角色是战士和猎人，是孩子的保护者。几个世纪过去了，父亲的角色逐渐转变成了那个养家糊口的人：努力工作，自我牺牲，为家里挣钱养活孩子，支付房屋贷款、日常开支和大学学费。而今，我们感觉到父亲的角色正在又一次发生转变。人们呼吁父亲在为孩子提供日常保障之外，要为孩子提供另一层面的保护——保护孩子免受混乱性行为等负面因素的影响。科学研究告诉我们，父亲强硬的外表并不能使孩子免于这些危险。如今，孩子的安全根源于父亲的内心。他们需要父亲的陪伴，不仅需要父亲参与他们的生活，更需要父亲在情感上支持他们。

正如我们在第 3 章中提到的那样，父亲有能力感知并对孩子的情绪做出回应。利凡特在关于父亲角色的研究项目中证明了这一点。这一项目旨在改善父亲与孩子在情绪方面的交流。通过 8 周的敏感度和倾听技巧方面的训练，父亲与孩子之间的交流得以改善；当孩子表达情绪时，父亲更愿意接受、认同。

其实，父亲不需要通过这样的课程，就能实现面对孩子所需要的敏锐感知能力。他们可以践行情绪管理训练的技巧，其中第一步就是提高情绪感知能力。父亲首先需要感知自己的情绪，然后才能对孩子的情绪感同身受。接下来，他们要尽自己所能，陪伴孩子，融入孩子的生活。他们需要重新调整自己的生活，这样才有足够的时间和精力关注孩子的生活。这听起来很容易，但实现起来并非易事。对于那些与孩子分开居住，或者忙于工作的父亲来说，为孩子腾出时间是一个很大的挑战。然而，如果父亲不能迈出这一步，随着孩子渐渐长大、改变，他们将与孩子渐行渐远，越来越无法融入孩子的生活，不能与孩子进行有益的交流。写到这里，我想起了自己和女儿的关系是如何因为调整工作时间而发生重大转变的。

> 女儿莫利亚不到3岁时，我每天都负责把她送到日托中心，然后再急忙赶去就职的大学。那段时间里，我们每天早晨都很忙乱。我发现自己变得无趣又没耐心，而这是我们两个都不喜欢的。因此，我决定把所有的课程和会面都安排在上午10点以后，而这让一切都改变了。从那以后，虽然我还是经常早上9点到达学校，但我与女儿之间的互动有明显的改善，因为我知道，如果女儿需要额外的时间，我也不用担心会错过工作上的重要安排。如果她在我去取车的路上停下来看蜘蛛网，我完全可以和她一起分享这个过程。如果她忽然间想把红色的鞋子换成蓝色的，我完全可以满足她的要求。

的确，未必所有的职业都能满足每位父亲需要的灵活度。然而，只要父亲愿意积极地行动，给孩子更多时间，更用心地去陪伴孩子，事情就会有所改观。每天，夫妻俩谁负责给孩子洗澡？谁给孩子读睡前故事？谁给孩子找好袜子？尽管这些问题都是日常琐事，但也值得我们深思熟虑。因为父亲与孩子的感情联结，正是在这些平凡的日常生活中建立的。接下来，我们将谈论一些关于如何增进父亲与孩子感情的做法。

从孕期就开始参与孩子的生活

研究显示，丈夫更多地参与妻子的孕期生活，能为日后的家庭互动打下良好的基础，增进夫妻感情，有益于孩子的成长，加强父亲与孩子之间的感情联结。

如果父亲积极地参与产前课程，他将成为一名出色的助产士，在妻子生孩子的过程中给予鼓励和支持，这对妻子和孩子都极有益处。一项研究表明，在产程中有丈夫陪伴的妻子，相比于其他产妇感受到更少的痛苦，接受更少的药物治疗，对生产过程有着更积极的印象。对于那些接受剖宫产的妻子，丈夫的陪伴同样可以让她对整个生育过程更乐观。此外，另一项研究表明，对妻子的怀孕过程更热心参与的丈夫，在孩子出生后，更愿意抱孩子，当孩子哭的时候能更及时去照看。

亲身实践照顾初生婴儿，对父亲而言很重要。我们的研究显示，在婴儿刚一出生就在医院帮忙换尿布、给孩子洗澡、抱着轻轻摇晃孩子的父亲，在接下来的几个月里也会继续做这些工作。这些工作给父亲和孩子提供了面对面交流的机会，让他们能够了解对方的提示，为彼此的关系确立良好的开端。

此外，父亲在孩子婴儿时期养成的生活习惯会持续下去。如果父亲在孩子年幼时就参与照顾，那么他们在孩子少年时期和青春期时依然能参与孩子的生活。

这些发现让我们更加相信，父亲如果想和孩子建立牢固的关系，就应该从母亲孕期以及孩子出生的头一个月就开始做基础工作。新父亲应该明白，照顾婴儿是一个需要亲身实践的学习过程，需要不断摸索。从孩子出生就充分参与，能让夫妻二人一同为宝宝的奇妙而喜悦不已。父母与婴儿之间的互动当然是相互的，婴儿自然也能通过这些早期的接触了解自己的父亲。他将渐渐熟悉父亲的脸庞、声音和步伐，知道父亲如何亲吻他，如何拥抱他。他将知道，父亲和母亲一样能给自己带来舒适和安全感。他将知道，自己的回应也能影响他人，能影响父亲对待自己的方式；知道通过自己的行为，他能影响周围的人。

当母亲为孩子哺乳时，父亲难免会感到一种失落感，深切地感受到育儿角色的落差，但父亲也可以通过很多其他的方式来给孩子提供关键的养护，如用奶瓶给孩子喂水、辅食或挤出的母乳。他们可以给孩子洗澡，换尿布，抱着轻轻摇晃孩子，扶着孩子在房间里走来走去。当然，父亲还有自己特有的游戏天分。心理学家安德鲁·梅尔佐夫（Andrew Meltzoff）通过观察发现，即使是新生儿，也会表现出模仿护理者面部表情的细微反应。这说明，当父亲和小婴儿面对面交流时，他们也在为彼此的关系打下良好的基础。

当然，所有这一切必须建立在父亲有足够的时间陪伴婴儿的情况下。正是出于这个原因，我是育婴假的强烈支持者。如果你的工作条件不允许，我强烈建议，尽量多争取一些休假时间，在孩子生命中最重要、最无可替代的最初几周里多陪陪孩子。

当孩子到来后，长辈们也可以帮助父亲担当起重要的角色，而不至于把他冷落到一旁。例如，善解人意的奶奶或姥姥懂得给父亲机会，让他辅助母亲照顾婴儿，让母亲得到足够的休息。在这种情况下，父亲就有时间和机会学习应对孩子发出的提示信号。

当然，是否支持丈夫参与到照料孩子的过程中来，妻子掌握着重大的权力。罗斯·帕克和阿什利·贝特尔（Ashley Beitel）研究了妻子的态度对丈夫参与婴儿护理程度的影响。他们发现，如果妻子喜欢在丈夫照顾孩子时指手画脚，出言指责，或者妻子认为女人天生比男人更善于照顾婴儿，她们的丈夫参与婴儿护理的程度会相对较低。

但也有很多女性认识到丈夫参与照看孩子的重要性，很想知道该如何鼓励他们。其实答案很简单：让丈夫自主选择照顾孩子的方式。和他分享你在育儿方面的心得，但要避免在他固定尿布、摇奶瓶或包裹婴儿时出言批评，告诉他这样不行，那样不对。母亲应该懂得，各种不同的照顾方式都能让婴儿从中受益，这当然也包括更男性化的方式。男性化的照顾方式充满乐趣，有更多的体能锻炼，更少的行为限制。如果夫妻俩对照顾孩子的方式产生分歧，那么不妨为彼此划分职责范围。比如，母亲负责给孩子喂奶、喂饭，父亲每天负责给孩子洗澡。我们同时还发现，父亲不如母亲懂得安抚哭闹的婴儿，这可能仅仅表明，他和孩子需要更多相处的时间，在没有母亲打扰的情况下，学习彼此的提示。这时，不妨给母亲几个下午的时间，让她和朋友待在一起，如此一来，父亲和婴儿学着彼此磨合，或许这能帮他们达成目标。

对一些新母亲来说，放弃一些原先专属于自己的育儿领域，或许是一种挑战。但如果母亲肯适当地走开，让父亲和孩子单独相处，她可能会欣喜地发现，父亲和孩子之间健康、良好、有益的关系将让孩子受益匪浅。

陪伴孩子成长，融入日常生活

理想情况下，如果父亲从婴儿期就开始照顾孩子，那么他将在孩子的成长过程中继续担当这一角色。然而，这一愿景会时常受到工作日程和职业与家庭优先次序转变的挑战。除非父亲有意识地积极参与到孩子的日常生活中来，否则他们大都会发现自己正在与孩子逐渐疏远，交流中的亲密细节越来越少，而这些细节正是父亲与孩子情感的基础。

近些年来，市面上出现了很多育儿书，告诉我们母亲与孩子分享“黄金时间”的重要性。这个观点认为，随着越来越多的母亲离开家去工作，她们与孩子相处的时间少得可怜，但相比起来，母亲与孩子相处的方式比时间的长短更重要。研究表明，职场母亲与孩子互动的质量比相处时间的长短对孩子的影响更大。当然，这一理念对父亲来说也同样适用。如果父亲有无数个夜晚和周末陪着孩子，却和孩子缺少互动，满脑子想的都是工作，或者与孩子一起痴痴地坐在电视机前，那么再多的相处时间也无济于事。

罗伯特·布兰查德（Robert Blanchard）和亨利·比勒（Henry Biller）把父亲对孩子的可接近性的重要性研究带到了家庭中来。他们对一群三年级的学生做了比较研究，这些孩子中有的父亲不在身边，有的父亲在身边并且融入他们的生活，有的父亲在身边却很疏远。对比了这三组孩子的学业成绩，研究者发现，缺少父亲陪伴的孩子学业成绩最差，有父亲陪伴且融入生活的孩子学业成绩最优秀，而有父亲陪伴但较为疏远的孩子学业成绩介于前二者之间。“一名优秀的父亲，如果不参与孩子的生活，或者与孩子的关系很差劲，是不会凭空让孩子的智力得到增长的。”比勒写道。（尽管父亲的参与对女孩的职业发展和学业成就也极为重要，但到目前为止，尚缺乏相关的研究。）

那么，究竟父母多大程度的参与才算合格呢？对此，我很难给出标准答案。但可以肯定的是，这当然不止于偶尔陪孩子玩玩篮球、去趟游乐园或逛逛动物园。父亲需要投入更多，才能收到回报。事实上，对父亲而言，参与孩子生活的最佳方法，就是心理学家罗纳尔多·利凡特口中的“家庭生活”，每天的吃饭、洗澡、穿衣和照看等。“正是通过这些传统意义上的女人的工作，才让父亲真正地融入孩子的生活，成为家庭中不可或缺的一员。”利凡特这样写道。家庭生活“不仅意味着提供基本的物质需求，还需要给予孩子不断变化、永不停歇的日常陪伴和情感支持”。

在孩子的婴儿时期，当丈夫按照自己的想法照顾孩子时，有着丰富育儿经验的妻子应该尽量减少批评，鼓励丈夫参与到日常照看孩子的工作中来。毕竟，擦鼻涕可以有不止一种方法；换一种制作方式，三明治可能会更美味。

对很多男性来说，他们真的有必要转变时间观念，改变旧有的具体问题具体解决的思路，这是参与孩子生活的前提。经过这个社会的训练，很多男性都学会了有效利用一天的生活，一个接一个地实现目标，而不允许磨磨蹭蹭、走回头路，或者一件事只做一半就走开。在男性的生活中，他们很少需要去照顾别人的感受，而更关心如何解决问题，搞定事情。例如，一个男性在家里照看学龄前孩子时，他相信自己还能在这期间完成很多事情，如修草坪、看比赛、缴税等。照看孩子需要很大的精力，所以他的愿望毫无疑问都会落空，而且他会因此感到万分沮丧。他会发现，自己没有想象中的那样对孩子有耐心，有同理心。

做一位成功的父亲，与照看孩子的同时能完成多少其他事情无关。成功的父亲是要在未来 20 年里，陪伴这个孩子逐渐长大；是要放慢脚步，抽时间单独和孩子在一起；根据他们的年龄需求，按照他们的方式与其交流。

我也曾经做过相似的尝试，艰难地学到了这一课。在家里陪伴女儿莫利亚时，我曾试着写作，但最终以失败告终。我后来终于决定，在她长大到足以自己照顾自己之前，我们相处的时光只能用于玩耍、朗读和做家务。当然，这个想法苦乐参半，夹杂着美好与不舍。

这样做以后，我最终学会了融入她的世界，体会到一起玩彩绘和“过家家”游戏带来的价值。通过莫利亚，以及我调查过的孩子们，我了解到小孩子是如何在游戏中向大人敞开心扉的。他们更愿意在游戏时谈论一些深层次的话题，而如果将这些话题换作简单的询问，孩子们是不太可能回答的。在莫利亚四五岁时，我们之间最令人印象深刻的谈话都是在我们一起涂色或玩芭比娃娃时发生的。比如，她会出人意料地问道：“我的好朋友海伦娜为什么要搬到墨西哥去呢？”“妈妈刚才是向你发脾气了吗？”这些问题袒露的是孩子心中最深层次的想法和感受，包括担心、恐惧和梦想等。这种亲密的交流，只有在家庭成员都很放松，一起做喜欢的事情时才会发生。（顺便提一句，我发现涂色其实是一件挺有趣的事。现在，我都能涂在线条里了。）

随着孩子渐渐长大，他们慢慢开始在外面找到自己的天地，到那时，父亲就会很难找到与孩子单独相处的黄金时间了。其实，不管孩子处于什么年龄段，与孩子进行一对一的交流永远都是有意义的。因此，我呼吁父亲们调整自己的日程，时常安排时间与孩子单独相处，可以是周六开车送孩子上音乐课路上的30分钟，也可以是在做共同喜爱的体育运动时。有时，最好的对话是在一起做家务时发生的，比如做晚饭、洗车、修整花园。

如果对孩子生活中发生的事和周围的人有所了解，你们开展对话将变得更加顺利。这些生活细节包括孩子日常的活动，他的朋友、教练和老师的名字等。如果条件允许，花一些时间在孩子的学校里，如参加“家庭开放日”或“课程之夜”活动；志愿在课堂上当义工，陪孩子参加校外旅行考察；志愿做孩子体育活动的教练（或助理教练）。

要去熟悉孩子身边的朋友，了解孩子的社交生活；认识孩子朋友的父母；在家里为孩子们举办聚会；主动提出开车送孩子们去参加派对，去保龄球馆，去溜冰场；加入他们的谈话中，聆听他们的想法。

最后，要注意的是，家庭生活中充满了与孩子亲近的机会，同时也充满着疏远孩子的危险。在很多平凡的瞬间，是转身走开，还是蹲下来倾听，决定权在你自己。例如，当你准备看书时，却发现自己十几岁的孩子房间里传出刺耳的音乐声。当你要求他将音乐声调低时，你可以选择说：“我简直不敢相信，你会听那样的音乐！”也可以这样开启你们的谈话：“我从来没听过这个乐队的音乐。这帮人是谁啊？”显然，第一种方式是面对面的羞辱，而第二种方式则是一种善意的邀请，它将成为沟通你们之间不同之处的机会，帮你融入孩子的生活。

在工作和家庭生活中找到平衡

对很多男性而言，投入更多的精力和时间参与孩子的生活，意味着放弃对工作的一部分投入。如果你每周需要工作 60 小时，要做到陪伴孩子，并给孩子情感上的支持，即使可以实现，也是很有难度的。如果你被工作压力压得喘不过气，那你恐怕也没心思去关注孩子的担心和忧虑。

男性的第一身份是养家糊口的人，要想解决这一矛盾，当然很难。这个社会教男人们明白，努力工作、加班加点和自我牺牲是表示对这个家庭忠诚度的最好方式。但如今，很多男性明白，除非作出改变，否则将错失融入妻子和孩子生活的机会，而他们正是让自己的工作变得更有意义的人。

随着人们逐渐意识到这一讽刺的事实，我希望能看到更多为家庭考虑的工作条件的改善。多年来，职场女性一直在呼吁弹性工作制，要求更多有优厚回报的兼职工作，提倡雇主提供育婴便利服务和充足的家庭休假。如果这些改变能早日到来，也能让男性雇员从中受益，尤其是那些渴望参与孩子生活的父亲。英国一项针对科技工作者的研究表明，弹性工作制的实施让双职工家庭中父亲与孩子相处的时间增加了。另一项研究显示，弹性工作制没有让工人们与孩子相处的时间增加，但家庭和工作之间的冲突明显减少了。由此可见，这种冲突的减少也能缓和家庭的压力，给孩子营造一个更幸福的成长环境。

然而，男性往往需要牺牲经济收入和职业发展，才能在工作和家庭生活中实现平衡。社会学家佩珀·施瓦兹（Pepper Schwartz）在她的一项关于婚姻平等制的研究中发现，与妻子分担家庭职责，如经常做家务、照看孩子的男性，相比于担当传统的养家糊口角色的父亲，在职场上的发展更受限制。拒绝举家迁往另一座城市的企业经理会丧失升职加薪的机会；没去参加营销年会，而选择陪孩子参加夏令营的销售员会失去升职和获得奖金的机会。

尽管男性未必愿意选择“父亲负责制”，也未必肯减少工作时间，赚取更少的工资，但他或许愿意考虑一些减少工作压力的方法。接二连三的黑色工作日会损害父亲与孩子的关系。一项针对空中交通管制员的研究证实了这一结论。研究表明，在经历了工作中的压力和不愉快后，这些父亲回家后更倾向于对孩子发怒。与之相反，对工作的高满意度能提高育儿技巧，即便这样的工作往往要求父亲投入更多的时间。

父亲在工作中是否享有主动权，也在孩子身上有不同的体现。一组研究者发现，如果父亲在工作中享有更多的自由，他们便可能给孩子更多的自主权。但如果他们在工作中被严密监管，他们则将要求孩子顺从、听话，并且更多地使用体罚来管教孩子。换个职业，或者至少试着让目前的工作少一些压力，这一决定对父亲与孩子都很重要。

不论婚姻状况如何，坚持参与孩子的生活

不论父母幸福地生活在一起，还是已经离异，只要父母双方都充分融入孩子的生活，孩子就会幸福地成长。在父母已经离婚的情况下，共同养育孩子这件事会显得棘手，但只要父母把养育孩子当成两人共同的事业，孩子就会从中受益。

在第 5 章中曾提到，婚姻冲突、分居和离婚都会对孩子造成伤害。但如果孩子能时常和父母两人相处，有一些问题是可以避免的。我们的研究发现，只要父母能在情感上关心孩子，采用情绪管理训练型的养育方式，即使是问题家庭中的孩子也能表现得很好。有效地进行情绪管理训练，要求有足够的时间、亲密度，和对孩子生活细节的了解。正是出于这个原因，我鼓励父亲即使和孩子的母亲分开后（在父母离婚后，有 90% 的孩子都与母亲生活在一起），也要和孩子保持亲密的联系。

离婚后，父亲常常感觉很难融入孩子的生活，这常常出于各种原因，如距离远、再婚、孩子抚养费的问题，以及与前妻没完没了的纷

争。有几项研究证明，在父母离婚一段时间以后，父亲与孩子的交流就会完全消失，哪怕他在离婚之前与孩子的感情很好。随着父亲与孩子的互动日渐减少，他对孩子的影响也几近消失。父亲与孩子之间的感情联结是在一起经历无数件琐碎而又重要的事情时日渐形成的。没有了这一感情联结，父亲就很难指望着到孩子青春期时能在一些重要的事情上影响孩子。

那么，离婚的父亲如何才能避免与孩子的生活渐行渐远呢？首先，他可以把前妻看作是育儿团队的搭档。父母不应该让两人之间的分歧影响到共同为孩子做出的重要决定。就像我们在第 5 章中提到的那样，父母绝不可以利用孩子来攻击或伤害对方。在制定规矩和划定行为界限方面，离异的夫妻更应联合起来，支持彼此的建议。

离婚后，父亲应该制定出一套公平且可行性强的抚养费方案，并坚持下去。研究表明，坚持为孩子提供抚养费的父亲更经常与孩子相处。相反，有经济问题或者在抚养费上与前妻有矛盾的父亲很少与孩子见面。前妻会把抚养费的问题看作阻止父亲与孩子见面的正当理由。而对父亲而言，出于自己不能支付抚养费的愧疚感，也会避免与孩子见面。随着时间的流逝，孩子就会慢慢觉得父亲对自己很冷漠，丝毫不愿意参与自己的生活。

作为监护人之一，父亲会有机会和孩子相处，如若不然，也可以主动登门探望孩子，在这两种情况下，都应该把相处的场景尽量变得更加自然。父母离婚后，如果孩子和分居的父母相处时，能做一些日常生活中的事，如写作业、上课、做家务等，孩子将会适应得更好。也就是说，父亲尽量不要把自己和孩子的聚会搞得很隆重。相比起来，与其看着父亲在餐厅里买单，倒不如帮父亲做做饭、洗洗碗更能让孩子感到满足。

尽管父亲可能无法随时和孩子见面，但时常给孩子打电话，如每两到三周打一次，也会很有帮助。时间长了，电话交流就会变得轻松，尤其是在父亲努力关注孩子日常生活中的细节时。认识孩子身边的朋友和老师，参加学校举办的活动、表演和运动会，也会让父亲从中受益。

如果离异的夫妻再婚，他们要想与孩子亲密相处就会变得更难。数据显示，75% 的女性在离婚后会再婚，80% 的男性也会重组家庭。母亲再婚后，养育孩子的经济压力虽得到了缓解，但孩子与亲生父亲见面的概率也大大降低了。父母离婚后又与一个陌生人结婚，这无疑会给孩子带来焦虑，尤其是十几岁的孩子。他们一边努力地适应着新的家长，一边猜测着自己和亲生父亲或母亲的关系将会如何。

心理学家通过研究得出结论，让孩子在亲生父亲和继父中做出选择，对孩子伤害极大。此外，继父应该保留自己对孩子严明纪律的权力，做一个旁观者，支持女方在教育孩子方面做出的决定，这样孩子将能更好地适应母亲再婚。父母再婚后，孩子需要经常与亲生父母相处，这样才能更好地适应父母再婚后的生活。

对于与孩子分开居住的父亲而言，最强烈的建议就是，在孩子努力适应的过程中，给孩子多一些耐心。父母双方都应该知道，离婚后的前两年对孩子来说是最艰难的时期。离婚后，不仅父亲会感受到痛苦和怨气，孩子也会表现出一系列的消极情绪。幼小的孩子对家庭变化的适应能力本身就不强，因此当父亲来家里接自己时，他们会表现得很抗拒。

大一点儿的孩子会表现得有失落感，甚至因父亲不努力解决问题而满怀愤怒。当情绪变得紧张时，父亲往往倾向于退缩，以至于不愿意再去见孩子。但为了孩子着想，父亲千万不能这么做。这时，最重要的工作就是帮助孩子应对消极情绪。第 3 章中讲到的情绪管理训练技巧会对你很有帮助。通过感同身受地倾听孩子的心声，帮助孩子为情绪贴上标签，指导他们处理自己的愤怒和悲伤等情绪，父亲将和孩子形成一种亲密的关系，即使出现情绪危机时也能陪孩子坦然面对。

高情商教养要点 EQ

- 父亲影响孩子的方式，有一些是母亲无法做到的，尤其在同伴关系、学业成绩等方面。
- 缺少父亲关爱的男孩很难在男性气概和自我控制方面做好平衡。因此，他们将无从学习自我控制和延迟满足感。
- 有父亲陪伴和支持的女孩，在年轻时出现性生活混乱的概率较低，在成年后更愿意经营健康的恋爱关系。
- 如果父亲在孩子年幼时就参与照顾孩子，那么他们在孩子少年时期和青春期时依然能参与孩子的生活。

07

与孩子的成长合二为一

高情商培养的 5 个关键期

“正当我觉得我终于搞定这个小屁孩，终于弄清楚他要吃多少东西，睡多长时间，哭闹时我该怎么哄他时，一切又都变了！”新手父母这样的感慨，你听过吗？

这句话讲的是事实，因为养育孩子就意味着不断地改变。随着孩子的成长，我们不断调整自己的生活，去适应他们最新的需求、恐惧和兴趣，培养其各个阶段的能力。然而，在这些不断变化的背后，唯一不变的是：每个孩子都需要爱他、关心他，给他情感呵护的父母。

在这一章中，我将分别对孩子的 5 个阶段进行解读，包括孩子的婴儿期、幼儿期、幼童期、少年期和青春期。在每一个阶段，孩子都会出现里程碑式的成长表现，我将提供一些建议，告诉你如何针对每一个阶段的情况，提高孩子的情商。

在每一个年龄段，理解什么是正常的，可以预测孩子在不同的阶段最需要什么，将帮你更好地理解他们的感受，帮助你成为更称职的情绪管理训练导师。

婴儿期

3个月左右

婴儿与父母的情感关系是从何时开始建立的呢？谁能给出标准答案？有些人推测，婴儿在母亲的子宫里时，就已经开始感知母亲感受到的紧张或平静了；有些人说，在孩子一出生，父母喂养孩子、抱着摇晃孩子、安抚孩子时，这个过程就已经开始了；还有一些人认为，这开始于孩子出生几个星期后的某个神奇瞬间——当孩子冲着母亲或父亲露出纯真的笑容时，那些失眠的夜晚和多日的辛苦终于在这一瞬间变得充满价值。

然而，有很多父母认为，与孩子真正的交流开始于孩子3个月以后，这时孩子已经开始喜欢和父母进行面对面的交流了。发展心理学家用“发亮”（brightening）来形容这个年龄的婴儿的眼神，因为从这时开始，孩子才第一次真正地看着父母，与他们对视。作为一个仅3个月大的娃娃，他已经开始通过大量的观察和模仿来认识和表达情绪了。这意味着，从这个年龄开始，父母就可以通过积极的回应和关注，来对他们的宝宝进行情绪管理训练了。

研究表明，在与婴儿交流时，父母会想出各种方法来吸引孩子的注意。

例如，父母常常使用一种被称为是“妈妈语”（motherese）的说话方式与孩子交流（虽然父亲也能流利地使用这种儿语）。这是一种高而尖的说话方式，说话缓慢而又不断重复，常常还伴随着夸张的面部表情。尽管这种“儿语”（baby talk）夸张，富有喜剧色彩，但父母使用它还是有一定道理的——因为它真的很管用！当婴儿看到或听到父母这样说话时，他们整个人都会高兴起来。

很多父母还会和孩子进行一些无声的面部表情的交流，双方轮流做出表情。例如，母亲会扬起眉头，然后婴儿会照着做；当婴儿吐舌头时，母亲也跟着吐舌头；一个人发出“咕咕”“咯咯”的声音，另一个人就发出相似音量和节奏的声响来回应。婴儿会觉得这种模仿很有趣，尤其是当父母换一种别样的方式来模仿时。例如，孩子拿着拨浪鼓在地板上敲了3下，母亲会通过声音发出相同的节奏——这会让孩子感到奇妙无比。

这种模仿式的对话对孩子而言有着重要意义，因为这让孩子觉得父母对自己很关注，对自己的感受有反应。对婴儿而言，这是他们第一次体会到被人理解的滋味，这也是他们进行情感交流的开端。

研究者对母亲和她们3个月大的婴儿进行了研究，向我们展示了婴儿在情感交流方面有着多么丰富而又令人印象深刻的表现。在一项被称为是“无表情游戏”（The Still Face Game）的实验中，研究者爱德华·特罗尼克（Edward Tronick）要求母亲看着孩子，但要抑制自己的表情，不能像平时那样和孩子进行面部表情的交流。看着对自己毫无反应、面无表情的母亲，婴儿不断地尝试主动开启与母亲的“对话”，做出一个接一个可爱的面部表情。据研究者观察，婴儿平均尝试了4种不同的方法去吸引母亲的注意，最后终于放弃了。为了研究父母的抑郁情绪对3个月大的孩子有何影响，特罗尼克让母亲在自己3个月大的孩子面前假装有点儿伤心、失落。研究发现，母亲小小的情绪变化在婴儿身上产生了巨大的影响，他们的情绪变得很不好，略显孤僻，不爱做出回应。这样的研究告诉我们，即使是3个月大的婴儿也期望父母在情绪上投入并做出回应。

这些研究形象地告诉我们，在与父母相处时，婴儿不是被动地回应，而是采取积极的行动与父母交流。他们试着与父母在情感上相联系，让父母逗自己，与自己玩耍。

那么，如果父母长时间对孩子毫无反应，或者以消极态度与孩子相处，会对婴儿造成什么样的影响呢？蒂法妮·菲尔德（Tiffany Field）研究了患有抑郁症的母亲对婴儿造成的影响，答案很令人忧心：与身患抑郁症的母亲相处后，婴儿身上也会表现出忧郁、愤怒和烦躁不安等情绪，他们活力不够，与他人相处和周围环境的参与程度较低。如果母亲的抑郁症状持续一年以上，孩子就会在成长和发育中出现持久的障碍。

菲尔德的研究表明，**婴儿出生后3到6个月这段时间里，是母亲的抑郁症对婴儿神经系统发育造成影响的关键时期。**菲尔德和同事们对两组3个月大的婴儿进行了对比研究（一组的母亲患抑郁症，而另一组母亲则没有），他们没有在这些孩子身上发现什么差异。但当他们对6个月的婴儿进行对比研究时，发现母亲未患抑郁症的孩子会咿咿呀呀地说话，而母亲患有抑郁症的孩子则不爱表达，神经系统功能的测试分数也较低。

婴儿的大脑对一件事情产生正面抑或负面的感觉，也会受到母亲的抑郁状态的影响。科学家们通过观测婴儿的脑电图数据（如脑波）对孩子的情绪反应进行了研究。消极情绪和正面反应是由大脑两个不同的部分分别加工的。华盛顿大学的研究者杰拉尔丁·道森（Geraldine Dawson）正是利用这个方法，观测了婴儿对肥皂泡从窗帘后面升起时所做的反应。结果，他们意外地发现，抑郁症母亲的孩子把这件极为中性（没有任何感情色彩）的事件在情绪上理解为负面的。

尽管这些研究结果显示，抑郁、不爱表达的母亲会对婴儿产生负面的影响，但是希望还在。菲尔德后续的一系列研究表明，这些受母亲抑郁症影响的婴儿在与托儿所的老师以及未患抑郁症的父亲相处后，情况有了显著的改善。这些研究从另一个侧面证实，成年养育者会对幼小孩子的情绪发展产生巨大的影响。

在幼小的婴儿学着读懂父母的情绪提示并进行模仿的同时，他们也在经历另一个里程碑式的变化：在与他人进行情绪交流或社会互动时，学习调节生理反应的能力。很多发展心理学家认为，孩子们是通过间歇地参与或退出与他人的互动来实现这一点的。这一分钟里，孩子还对大人非常专注，对他们会做出回应，与他们玩耍，下一分钟里，他却看向别处，即使大人拿着玩具逗他或者用儿语与他交流时，也不会做出回应。有时，大人对婴儿的变化无常感到困惑，但有证据表明，婴儿从与大人的互动中退出是因为他需要这么做。在与大人互动的过程中，他可能感到心跳加快，或者进入一种难以承受的生理状态，就像凯马特大卖场（K-mart）的顾客在商家宣布第三轮特卖会即将开始以后，忽然感到自己处于过度兴奋的状态，迫切地需要休息。正因如此，孩子移动了目光，转过头去，尽自己所能避免再和大人做任何交流。这个孩子正在学习如何平静下来。

对抚养孩子缺乏经验的人可能意识不到，孩子也需要“休息时间”。他们不停地逗孩子，通过玩具或讲儿语来刺激孩子。小小的婴儿当然无力反抗，他没法要求这位强势的玩伴停下来，也不能去另一个房间；他甚至连用毯子把头蒙起来的力气和协调能力都没有。终于，他只能依赖自己最常用也最有效的方式来反抗了——他开始放声大哭。

这种父母与孩子间的不协调情况已司空见惯。一些研究者估计，父母不能读取婴儿提示的情况占到70%。但别担心，因为婴儿期是一个不断摸索和尝试的过程，对父母和孩子而言都是如此。只要父母细心观察，对婴儿的需要有灵敏的反应，他们与孩子的情绪交流就会更加频繁，错误理解婴儿提示的情况也就不会那么经常发生了。

因此，我对情绪管理训练型父母的建议是：**关注孩子的情绪，并适时做出回应。**例如，婴儿在进行一段时间的互动后，忽然变得毫无兴趣，那不妨给他时间让他安静下来。如果当你的孩子被抱在怀里，有很多人和他说话时（比如家庭聚会中），他开始哭闹，这种情况下，可以把他抱到安静的房间里，让他从过度兴奋的状态中平静下来。

如果婴儿因为太过紧张而无法让自己平复下来，尽你所能帮他恢复平静。对父母和孩子而言，针对孩子的性情找出有效的解决方案也是一个不断摸索的过程，但这里有一些常用的技巧可以分享，如调暗灯光、摇晃婴儿、轻轻地和他讲话或者抱着他踱来踱去，让他感觉你在用温和、有韵律的步伐一起移动。轻音乐、摇篮曲、温柔的抚摸和轻轻的拍打，都是父母认为有效的方法。有些孩子甚至可以通过白色噪声获得安慰，如洗碗机工作的声音或收音机无线电波的声音。

研究证实，对孩子的情绪较敏感的父母更善于培养孩子的情商。当孩子需要从一种高度兴奋的活动中恢复平静时，敏感的父母能及时发现。这种情绪管理训练的模式，让孩子有更多机会练习如何从一种高度刺激的状态中恢复到一种相对平静的状态中，帮助婴儿学习安抚自己，调节自己的生理状态。

当婴儿因情绪紧张或太过兴奋而难受时，如果父母懂得以安慰的方式做出回应，他们的行为本身也是在教给孩子重要的课程。首先，婴儿将知道，自己强烈的消极情绪将对周围的世界造成影响——大哭时，父母会做出回应。其次，婴儿会知道，当自己经历强烈的情绪时，是有办法平复的。在这个年龄段，婴儿们将通过父母的回应来获取安慰。但随着婴儿渐渐长大，他会把父母的安慰方式努力吸收为自己所用，试着用一些方法来安慰自己，这正是健康情绪的重要组成部分。

出于同样的原因，婴儿在生活中也需要足够的刺激，使他们有机会练习从兴奋的状态恢复到平静状态。我们在第 6 章里讨论过，父亲与孩子进行的高强度体能游戏往往能给孩子带来这种体验。同时鼓励父母想出更多的游戏创意，教孩子通过玩游戏来认识各种不同的情绪，并学着去表达这些情绪。研究显示，这可以从简单的模仿婴儿的行为开始。例如，婴儿吐出舌头，父母也跟着吐舌头；婴儿咳嗽一声，父母也跟着学。婴儿会接着再做吐舌头或咳嗽的行为，如此一来，一个新的游戏就产生了。

父母与孩子玩耍时要很活跃，情感足够投入，可以重复一些简单却可爱的短句，做一些温柔、有节奏感的动作。通过这样的玩耍方式，婴儿将熟悉游戏的流程，学会预测父母接下来的行动。这就好像他在对自己说“哦，又开始‘扭扭乐’①的游戏了”，或者“哇哦，抓痒痒游戏又来了”。当他真正乐在其中时，他就会在过程中学着表达自己的喜悦感，如微笑、咯咯地乐出声来、兴奋地直跺脚，或者长声尖叫。这种反应让父母也玩得更尽兴了，最终能创造出一种充满爱意、互动感十足的积极交流方式，彼此的感情联结进一步增强。

6~8 个月

对于这个阶段的孩子来说，生活意味着一系列的探索和发现，不断认识新的事物、新的人和新的地方。与此同时，他们也在学着用新的方式向周围的人表达和分享自己的感受，如喜悦、好奇、恐惧、沮丧。婴儿认知能力的不断发展，也在为其进行情绪管理训练提供更多的机会。

对 6 个月大的婴儿来说，最重要也是最典型的一个成长变化莫过于当他不再关注某个人或物时，他依然能在脑海里想着这个人或物。过去，他只能在关注这个人或物的同时想着它们。但现在，他能看见一个玩具小丑，觉得很好玩，然后抬起头看着自己的父母，与他们分享自己关于这个玩具小丑的感受。这种成就表面上看起来极为寻常，但它却开启了一个游戏互动和情绪共享的新世界。现在，他能邀请你和他一起玩那些令他着迷的东西，他也能和你分享他对这件事物的感受。为了促进这种情商发展趋势，你不妨接受孩子的邀请，和他一起玩弄这个物品，模仿他对这件物品的情绪感受。这将促使他跟你分享更多自己的体会，进行更多的情绪表达。

到 8 个月大时，婴儿学会了爬行，开始认识自己周围的环境。与此同

① 原文为“grab-the-toe-and-twirl-the-feet-in-opposite-circle game”。——编者注

时，这个小小的探险家也学会了区分不同人的脸庞，这一成长为他第一次感受到恐惧做好了准备；你会在他身上看到一系列对陌生人的焦虑感。一个原来对商店里遇到的每个人都笑的孩子，现在却将脸埋在母亲的肩膀上；曾经很乐意投入新保姆怀抱的他，现在却对父母产生了一种特别的依赖；当父母准备把他留在一个陌生的环境中或者留给陌生人照看时，他会焦急地缠着父母。

在这个年龄段，婴儿对语言的理解能力也得到了显著的提高，这为他进行情绪交流创造了条件。尽管他还需要过好几个月才能自己说话，但他已经能够听懂很多语句，并能对一些简单的指示做出回应，比如“去把你的白熊给我拿过来”。当我女儿莫利亚在这个年龄的时候，如果我对她说“宝贝，你看起来很累。把头放在爸爸肩膀上，休息一会儿好吗”，她就会照做。

这一系列成长变化，包括行动能力、转移注意力的能力、对父母的依赖程度、语言的理解能力和对未知的恐惧程度，被心理学家称为“社会参照”（social referencing）。当婴儿接触一个特别的物品或经历一个特殊的事件时，会向父母寻求情感信息的提示。例如，当他走向一只陌生的小狗时，如果听到母亲在旁边说“不行，别去那儿”，婴儿能综合理解母亲的话语、语调和面部表情，进而理解潜在的危险。同样，当婴儿走向一个吵闹的玩具机器人，回头看到母亲脸上露出放松的微笑时，他就知道这个机器人是安全的，可以放心地玩。从这种意义上讲，父母实际上在孩子的情绪生活

EQ情商关键词

社会参照

指人通过比对他人行为或社会规则而对自己产生评价的过程。

中扮演了一种“安全基地”（safe base）的角色。婴儿因此能够自由地去探索，因为他知道，自己可以时不时地回到这个基地寻求支持。

当婴儿向父母寻求社会参照时，说明孩子与父母之间已经建立起感情联结，这种联结让婴儿感到安全。得益于出生前几个月进行的模仿游戏，孩子此时已经能够熟练地读懂父母的情感提示了。他知道自己能相信一些父母发出的信号，如面部表情、身体语言和语调等。这里需要补充的是，父母间的婚姻冲突将对这一发展进程造成影响。苏珊·迪克斯坦（Susan Dickstein）和罗斯·帕克研究发现，在父母出现婚姻冲突时，婴儿会对母亲表现出正常的社会参照，却不会对父亲表现出来。我们认为，这种表现反映出男人的一种习惯：当婚姻开始破裂时，男人会在情感上退出家庭生活，既不和妻子进行情感交流，也不和孩子联系感情。相比之下，婚姻不幸福的女人，即便对丈夫疏远，也会继续和孩子保持情感上的联系。

当婴儿处于这个年龄段时，父母可以像一面镜子一样与孩子交流，进而加强与孩子间的感情联结。也就是说，当孩子表露情感时，父母通过语言和面部表情来映射孩子的感觉。这是进行早期情绪管理训练的重要方式——帮助孩子把感觉转化成语言表达。你可以配以适当的面部表情，对孩子说“你现在有点儿伤心（害怕、开心等），是这样吗”或者“你现在感觉有点儿累了，坐在爸爸腿上休息一会儿好吗”。如果你对婴儿的感受理解准确，他是会表现出来的。但如果你总是理解错误，也不要灰心，这种情况很常见，所幸婴儿是很善解人意的。

要记得，婴儿常常在你身上寻找情感提示。你可以借助这一点来帮助他应对面对陌生人的焦虑感；这种对陌生人的焦虑感在这个年龄段很普遍。

例如，家里来了一位新保姆，而母亲显得很放松，或者给了这位保姆一个拥抱，那么婴儿就会得到提示：这位陌生人是值得信任的。

9~12 个月

在这个阶段，婴儿将知道，人与人之间可以共享情绪和想法。例如，当他把摔坏的玩具递给父亲时，听到父亲说“哦，它坏了，真糟糕。你一定感到很难过吧”，9 个月大的婴儿就能理解，父亲体会到了自己内心的感受。而在这之前，当父母与孩子共情，通过声调的变化、面部表情和身体语言映射孩子的感受时，婴儿是在学习如何表达情绪。但那时的婴儿还无法理解，父母可以和自己有着相同的感觉及想法。现在，孩子知道情绪和想法是可以共享的，而这又促使孩子和父母之间的感情联结得以加强。理解到这一点，对进行情绪管理训练又是一步极大的飞跃，因为它让双向的情感交流成为可能。

与此同时，婴儿也渐渐理解，周围的人和事物有一定的恒常性。例如，一个球滚到椅子下面看不见了，这并不代表它不存在了。母亲离开房间，听不到自己说话了，但她还在自己的小世界里，还会回到自己身边。

在这个阶段里，随着婴儿探索“客体恒常性”（object constancy）的概念，他们也开始对藏东西和重新发现它们很感兴趣，如把小东西放进抽屉里后再拿出来，把东西藏起来再找出来；或者，他会把吃饭的勺子从高脚椅上扔到看不见的地方，让你不断帮他捡回来。

随着对物体和人的恒常性概念的理解，婴儿也在经历另一种重要的变化：对特定的人的依赖性增强了，具体而言，通常是对自己的父母。即使

EQ 情商关键词

客体恒常性

即认识到一个物体暂时不能被五感感知，并不代表它已经不存在。

你不在身旁，他也知道你是存在的，因而会想你，在你离开时会求你留下来。当看到你穿上外套或预感你准备出门时，他会变得紧张不安，开始吵闹。当你离开后，他知道你一定在什么地方，而自己又不知道这个地方在哪儿，所以就会产生一种失落感。因为他对时间没有任何概念，所以向他解释你将离开多长时间通常是不起作用的。

为了研究婴儿对父母不同的依恋类型，心理学家们观察了 1 岁大的婴儿在被陌生人照顾时，对父母离开后又回来的反应。这些研究者发现，情感上感觉安全的孩子，当父母回来时会表现得有点儿失落，但当父母安慰他们时，他们乐于接受，乖乖地让父母抱着，听他们说话。但情感上感觉不安全的孩子，当父母回来时，大致会出现两种不同的表现。第一种是回避型，当父母回来时，孩子会无视他们，表现得一切如常。而当父母试着安慰孩子时，他会一把将父母推开，表现出抗拒。另一种是焦虑型，当父母回来时，孩子会扑在父母身上，很难哄。如果你的孩子有这两种情感上不安全的表现，那说明当你们相处时，你需要再多给他一些情感上的支持；当孩子表达情绪时，需要你以共情、关心和爱意来回应他，这将让你们之间的感情联结更加坚固。

对这个年龄段的孩子而言，他们会在父母离开时出现分离焦虑。为了帮助他们缓解这种感觉，当父母离开时，应该向孩子保证自己还会回来。尽管一个 1 岁大的孩子或许还不会说话，但他已经可以听懂大量的语句了，所以父母给予的一句安慰话也是很有效果的。但要记得，他常常在你身上寻找情感提示，如果你离开时显得很焦虑或者害怕，那么他也会有同样的感受。因此，找一个值得信赖的人帮你照看孩子，并留出时间和孩子一起与这个陌生人熟悉起来，会让你和孩子都感觉更放松。你也可以在家里训练孩子适应分离的能力，让孩子在家里独立探索某个空间。例如，当他爬到另一个房间（有婴儿安全设施的房间）时，让他自己进去待着，过一会儿再去看他。如果你们同时待在一个房间里，而你有事需要到另一个房间，你可以告诉他你要去哪儿，过一会儿就会回来。慢慢地，他将知道，父母会离开，而这不是什么可怕的事；当父母说自己会回来时，完全可以相信他们。

要记得，通过表达对孩子想法和感受的理解，你能让孩子感觉更安全，你们之间的情感就会更稳固。在和他相处或玩耍的时候，有很多这样的机会。你也可以发明一些新的创意游戏，通过模仿以及一系列其他表达方式来传递情绪。

当我女儿莫利亚在这个年龄时，我们发明的一个游戏叫“手指脸谱”。每天晚上，我会拿出笔，在一只手的每根手指上画出有不同面部表情的小人。大拇指上画的人总是很生气，食指上的人总是很悲伤，中指上的人总是很恐惧，无名指上的人很吃惊，小指上的人很开心。画好以后，莫利亚会坐在我的腿上，和这些小人聊他们这一天过得怎么样。大拇指会说：“噢，我这一天过得太糟糕了。我很生气。”食指会说：“我今天也过得不好，我很伤心，很想哭。”然后，他们会反过来问莫利亚：“那么，你今天过得怎么样呢？”莫利亚会想一会儿，然后抓住和她有着相似感受的手指，这也是帮助她标注情绪的好时机。“哦，你今天过得很伤心。”随着她渐渐会表达更多的语句，她可能会在选择小人的时候，加上自己的话语，如“想妈妈”。然后我会说：“你今天很伤心，因为你很想念妈妈，她上班去了。”通过这样的方式，我就在对她进行共情。“我理解你的感受，”我会接着说道，“有时，妈妈去上班了，我也感觉很难过，因为我也想念她。”

幼儿期（1~3 岁）

从 1 岁到 3 岁这段时期里，你的孩子将有一个更明确的自我概念，并将学着使用自己的自主能力。然而，你也可能在这个阶段里与孩子“可怕的 2 岁”相遇。这个时期里，孩子会越来越相信自我，并且会表现出不顺从。他的语言能力正在飞速发展，而这时你最常听到的词可能是：“不行！”“这是我的！”“我自己做！”“我就想要！”这时，父母可以通过情绪管理训练来处理孩子的挫败感和愤怒。

不论孩子处于哪一个发展阶段，父母都应该站在孩子的视角，看待他遇到的问题和挑战。**幼儿在这段时期里最重要的任务是成为一个独立的个体，因此要尽量避免让他感到无助，没有权力和控制力。**在我们的亲子小组中，有一位女士讲述了自己的一段经历：喂药器里装满了粉红色的药水，这是治疗儿子耳朵感染的药。她像往常一样，用毛巾把儿子裹起来，搂紧他，准备强行把药灌进他嘴里。“但这次他却疯了似的反抗，无论如何也不肯吃药。”她解释道，“这时，他的姨妈进来了，从我手中接过喂药器，对他说：‘你是想自己吃药吗？’我儿子点点头，把喂药器接过来，将药水灌进自己嘴里，喝得一干二净。”这个小男孩想要的，只是对这种情形些许的掌控。

在孩子处于这个年龄段时，如果父母能在日常生活中给孩子一些简单却实在的选择权，将对孩子的成长极为有利。比如，你可以说："你今天想穿什么？夹克还是毛衣？"而不要说："外面很冷，你必须穿上外套。"在划定行为界限时，只关注孩子的安全，当然是在让自己心安的前提下。给孩子提供一个令人兴奋、有安全措施的环境，将让整个过程变得轻松。

在孩子争取自我肯定的过程中，他们也对周围的小朋友越来越感兴趣。事实上，从很小的时候开始，他们就对周围人的差异和共同之处颇为好奇。研究型心理学家 T. G. R. 鲍尔（T. G. R. Bower）通过调查发现，在两部分别记录小男孩和小女孩活动情况的电影中，小男孩更喜欢看记录小男孩活动的那部电影，而小女孩更喜欢看记录小女孩活动的那部电影。更令人惊奇的是，当鲍尔对这两部电影做了改动，不显示人像，而只在人物的关节处用点来代替（膝盖、手肘等位置）时，小男孩依旧喜欢看记录小男孩的那部电影，小女孩亦然。

尽管这个时期的幼儿对彼此有着浓厚的兴趣，但他们不具备良好的与他人相处的社交技能。事实上，在孩子一起玩耍、学习分享的过程中，经常冲突不断，这要归因于"幼儿所有权规则"（toddler rules of ownership）：（1）我看见的东西就是我的；（2）你的东西，如果我想要，它就是我的；（3）如果它是我的，它永远都属于我。父母应该理解，这样的行为和态度并不代表孩子有自私的品质，这只是幼儿学习表达自我的一个过程。这个年龄段的孩子只能考虑自己的观点，而不能体会他人会有不同的想法。因此，分享的概念在他们面前就会显得苍白无力。

幼儿在争抢玩具中，往往也会产生积极的效果，那就是情绪火花。情绪火花产生时，也是父母进行情绪管理训练的最佳时机。父母可以认同孩子的情绪，帮助他们为自己的愤怒或挫败感贴上标签（“当有人抢你的玩具时，你很生气”“现在不能玩球，你感到很沮丧”）。父母也可以尝试着帮助孩子解决问题，如向他介绍轮流玩的概念。一旦矛盾演化成打架，父母要做的，一方面是要让打人的孩子知道“我们不能打人”，告诉他不能因为气愤就去伤害别的小伙伴；另一方面，要关注挨打的孩子，给他以共情和安慰。同时要记得，如果孩子显露出一丝愿意与人分享的意愿，称赞他并给予鼓励，但不要过于期待这一点。在这个年龄段，孩子分头玩耍是更好的方法，也就是两个小朋友在各自的领地里独自玩耍。

只要他还是个幼儿，关于玩具归属的冲突就不会停止。但你要尽可能地减少这样的冲突。你要向孩子解释清楚，只有愿意与小伙伴分享的玩具，才能带着去托儿所或者朋友家里。如果有小伙伴要来家里做客，要提前让孩子选出几样不愿意分享的专属玩具，帮孩子把这些玩具藏到一个隐蔽的地方，等待小客人的光临。这样一来，孩子将体会到他一直渴望拥有的权力和控制力。

除了自我意识的增强，**幼儿在这个成长阶段的另一个重大特点是对扮演游戏的兴趣。**在 2 岁到 3 岁之间，孩子开始学着父母或其他家庭成员的样子说话或做事。这时，孩子已经具备了将以往的行动和事件储存进大脑，留待日后利用，并在行为中根据记忆进行模仿的能力。当看到 2 岁的孩子学着做饭、刮胡子、擦地或者打电话时，你一定会觉得很有趣吧。看着他温柔地亲吻自己的泰迪熊，或者严厉地批评玩具娃娃做了错事，对大人将是一个重要的提醒：孩子是在通过周围的人学习应对情绪呢。

幼童期（4~7 岁）

到 4 岁时，孩子已经可以满世界蹦跶了，认识新朋友，体验各种不同的环境，学习和认识新鲜事物。但伴随着这些体验，挑战也出现了：学校很有趣，但老师希望孩子能老实地坐着，只关注手头的事情；孩子慢慢学会了与朋友相处，但他们有时会让孩子生气，伤孩子的心；现在，孩子是个大孩子了，已经能理解火灾、战争、盗窃和死亡等可怕的事情，但却常对它们感到恐惧。

战胜这些挑战，**要求孩子具有调节情绪的能力，而这是这一阶段的孩子面临的最重要的成长任务。**在这段时期里，孩子需要学习克制不恰当的行为，集中注意力，在某种特定的场合学会规范自己的行为。

孩子情绪调节能力的提高离不开与朋友关系的培养。通过与小伙伴的相处，他们学会了如何更准确地交流，如何交换信息，当被误解时如何澄清自己的立场；他们学习如何轮流发言和玩耍；他们学习分享；他们知道在玩耍时如何发现彼此的共同点，如何面对冲突并化解它；他们学着理解他人的感受、愿望和要求。

这足以见得，**友谊是培育孩子情绪成长的土壤。**因而，父母要保证孩子有与伙伴单独、自由相处的时间。我们已经知道，即使是很小的孩子也会与别的小伙伴建立稳固、长久的感情。我们也知道，孩子与伙伴的关系和感情应该受到父母的尊重及严肃对待。

对于 4 岁到 7 岁的孩子而言，最好的游戏方式是两人一组，因为这个年龄段的孩子很难搞清楚该如何应对一种以上的人际关系。作为父母，你会觉得这很令人烦恼，尤其是在看着两个孩子一起拒绝另一个孩子加入时。但父母要明白，孩子这种行为并不是自私的表现。他们才刚刚建立起两人为单位的关系，因而不想让别人打乱现有的秩序。然而，孩子并不知道该如何恰当地表达（他们可不会说“比利，对不起，就我们现在的成长阶段而言，我们只能容纳两个人的关系”），他们常常采用较无情的方式来表达，如：“比利，你走开。你已经不再是我们的朋友了！”有些孩子甚至对自己的父母也会做出相似的举动。例如，一个孩子对父亲说：“爸爸，走开！我不再爱你了。我只爱妈妈一人！”事实上，孩子想表达的是她这一刻很享受和母亲在一起的亲密时光。理解了这一点，面对孩子的冷落，父亲就不应该太往心里去。毕竟，孩子总是变化无常的。所以，当看到两个孩子拒绝第三个孩子加入时，父母要以平常心对待，邀请那个被拒的孩子参与一个新的游戏或活动。

那么，当看到你的孩子排斥别的孩子时，该如何处理呢？我认为，最好的方法是和蔼地告诉孩子该如何处理人际关系，让他知道善良是美好的品德，时常考虑他人的感受也是非常优秀的品质。你也可以给孩子一些提示，让他知道该如何向那个孩子解释，例如“我现在只想和珍妮弗玩，我想晚些时候，我们再一起玩吧”。

但如果你的孩子是被排斥的那一个，认同他的感受很重要。接下来，你可以帮孩子想出一些解决问题的方法，如邀请另一个孩子和自己一起玩，或者想出一些可以自己单独玩的游戏。本书第 88 页提到的梅根和妈妈之间的对话，就是父母如何使用情绪管理训练解决这种情形的实例。

这个年龄段的孩子不仅需要学习重要的社交技巧，也需要与其他小朋友一起玩幻想游戏，发挥游戏创意，设计游戏角色并进行表演。孩子常常通过幻想游戏来帮助彼此应对生活中的复杂问题和压力。幻想游戏能让孩子触碰到那些被压抑的情绪，进而提高孩子的情商，这和大人需要通过催眠或视觉想象的途径减轻压力是同一个道理。我的学生劳里·克莱默（Laurie Kramer）就发现，幻想游戏是帮助孩子适应新出生的弟弟或妹妹的最佳方法。如果让其他孩子扮演家里的新成员，孩子作为大哥哥或大姐姐就会体验到对这个新宝宝的各种不同的情感，如从敌对到接受再到爱抚。如果孩子选择扮演父母的角色，他就有机会与这个小宝宝玩耍，教导、批评、呵护他。

在其他研究中，我也深切体会到幻想游戏能够让孩子达到的情感深度。在我们的观察研究中，有一个小女孩正在玩“过家家”的游戏，这时她对小伙伴说道：“我们不需要像妈妈和吉米（她妈妈的新男朋友）一样总去小睡。我们不像他们那么累。”过了一会儿，小伙伴问道：“你妈妈关门时，对你说什么呀？”小女孩回答道：“她说：‘别进来。’”她不理解为什么妈妈会排斥自己，她接着说道：“她不想我在旁边。她不爱我。”

幻想就像一扇神奇的门，帮我们开启孩子的内心，了解他们的想法和担忧。进行情绪管理训练的父母可以借助扮演游戏来与孩子沟通。孩子们常常将内心的想法、愿望、沮丧和恐惧等感受映射到玩旧的娃娃身上。这时，父母通过简单的映射性话语，或者扮演起另外一个玩具的角色，就可以鼓励孩子继续探究情感，给孩子以安慰。下面这则对话就是一个例子，请注意这位父亲是如何轻松地利用孩子的幻想和映射来与孩子交流的。

孩子：小熊是个孤儿，因为熊爸爸和熊妈妈不要它了。

爸爸：小熊的爸爸妈妈离开它了吗？

孩子：是的，它们走了。

爸爸：它们还回来吗？

孩子：永远也不回来了。

爸爸：它们为什么要离开呢？

孩子：因为小熊向熊妈妈发火了。

爸爸：我认为，偶尔生气也是可以接受的。熊妈妈一定还会回来的。

孩子：你说得对。它回来了。

爸爸（拿起另一只小熊玩偶，用妈妈的语气说道）：妈妈刚才去扔垃圾了。现在妈妈回来了。

孩子：你好，妈妈！

爸爸：你刚才生气了，但这很正常。有时我也会生气。

孩子：我知道了。

鼓励孩子扮演一个角色是需要技巧的。但一旦孩子开始尝试，父母就会发现这是一个轻松又有效的方法。例如，你的孩子希望自己快快长大，变得更加强壮，当他对你说："我原来很小，但我现在已经可以挪动沙发了。你知道吗？超人还会飞呢！"这时，孩子似乎在期待你的允许，带他体验成为超人带给他的力量和自信。你可以引领他开启这次奇妙的幻想之旅，对他说："很高兴见到你，超人先生！你现在就要飞起来了吗？"

在进行扮演游戏的过程中，孩子还会时常穿插一些现实生活中的话题。例如，当你们正在玩芭比娃娃或者恐龙战队时，孩子突然对你说："我很害怕再和那个保姆待在一起。""我活到多大岁数会死啊？"听到这些，不要感到太意外。

尽管你不明白这些想法是如何产生的，但可以肯定的是，扮演游戏激起了孩子的某种情绪，让他很想与你分享。扮演游戏让一切显得很自然，让你们感觉很亲密，这让孩子感觉很安全，离你很近，所以他愿意把心里浮现的这些念头与你分享。这时，他等于暂停了游戏，来触碰这些情绪，此刻你最好也停下来，就他的感受来一场心灵相通的谈话。

在 4 岁到 7 岁之间，孩子在日常生活中会体会到一系列的恐惧和焦虑，而幻想游戏正是帮助孩子应对这些焦虑的有效方法，故而在孩子中非常受欢迎。让孩子恐惧的事物或许有很多，但是大致可以归纳为以下几种。

因无助而产生的恐惧。我曾经无意间听到两个 5 岁的小男孩在讨论"世界上所有能置你于死地的事物"。他们提到了"恶人、怪物"等，而他们最害怕的是"鲨鱼"。他们讨论了各种能战胜这些可怕事物的方法，接着说起了自己"曾经是小孩子"的时候，甚至还傻乎乎地怕黑。但这两个小男孩说，现在自己长大了，再也不用为这些蠢事情担心了。

这些谈话提醒我，即使我们不让孩子意识到这个世界上存在危险，他们也会制造出自己心中的"怪物"。幻想的过程，也是他们应对无力感和脆弱感的过程。在幻想中，面对强大的怪物，孩子感到恐惧，但他们也在试着想出各种方法来驯服这只怪物，其实也是在驯服心中的恐惧。这让孩子感到更有力量，不再那么脆弱。

在实际生活中，情绪管理训练型父母也可以通过一些方法来帮助孩子感觉更强大。在幼儿时期，父母就可以给孩子一些日常生活中基本的选择权，如穿什么衣服、想吃什么、想去哪儿玩等。另一个重要的方法是，当孩子已经足以担当一些事情时，给他们做这些事情的自主权。例如，当他们尝试自己洗头发或者玩一种新游戏时，父母应该给予鼓励，配以适度的指导。当你的孩子因为系不上鞋带而苦恼时，千万不要帮他做，那样做等于在告诉他“你的能力不行”，而要对孩子的沮丧感表示认同，如“长鞋带是挺不好系的”。即使最后孩子仍然需要帮忙，他也知道，自己的感受，你很理解。

对被遗弃的恐惧。正是出于这个原因，这个年龄段的孩子会对《白雪公主》和《雾都孤儿》这一类的故事特别着迷。白雪公主的父亲去世了，小女孩的命运落入了邪恶的继母之手。在《雾都孤儿》中，从小就是孤儿的奥利弗为了养活自己，当过乞丐和小偷。这些故事生动地表达了孩子在这个年龄段共同的焦虑：他们害怕有一天被遗弃。

被遗弃的恐惧对孩子而言是如此真实、如此普遍，所以我建议父母避免用威胁、管教抑或开玩笑的方式告诉孩子你们要遗弃他。每当孩子显露出这种对被遗弃的恐惧时，使用情绪管理训练技巧来认同他们的感受，并向他们保证，你们会永远爱他、照顾他，满足他生活中的各种需求。

对黑暗的恐惧。对于孩子而言，黑暗意味着无限的未知，它是一个神秘的所在，潜藏着所有未知的恐惧和无名的怪物。当孩子慢慢长大，他们会渐渐明白，黑暗其实没什么可怕的。然而，在这个年龄段，孩子惧怕黑暗的想法是完全可以理解的，他们需要灯光来驱赶恐惧，还需要知道父母就在周围。

千万不要因为孩子惧怕黑暗，就误以为孩子是个胆小鬼，更不要压抑或否定孩子对黑暗的恐惧，仅仅是为了让他变得更坚强。我认识的一位父亲就有这样的经历。当儿子要求在房间里安装夜灯时，这位父亲拒绝了，因为他担心自己的儿子长大后会是个胆小鬼。然而，过了几个夜晚以后，他发现儿子的焦虑感增加了。他不仅恐惧黑暗，还担心失去父亲对自己的信赖。当夜里因为怕黑而失眠时，他甚至担心自己第二天上学时会变成一个笨蛋。最后，这位父亲终于理解了孩子的心情，给儿子的房间里装了一个夜灯。从那以后，全家人晚上睡觉都踏实多了。

对噩梦的恐惧。对于每个孩子来说，噩梦都是非常可怕的，对幼小的孩子而言更是如此，因为他们尚不能清楚地区分梦境和现实。如果孩子从睡梦中哭醒，你要抱着他，和他谈一下刚才做的梦，向他解释这一切都不是真的，陪着他，直到他恢复平静，并再次向他保证，那些可怕的事物已经消失了，他现在很安全。

除了这些方法以外，父母还可以通过一些解释梦境和睡眠的故事，帮助孩子应对噩梦带来的困扰。多丽丝·布雷特（Doris Brett）写的《安妮的故事》（*Annie Stories*）就是一本很好的书。这是作者特意为了帮女儿安妮应对噩梦而写的书。在这本书中，安妮告诉妈妈，有一只可恶的老虎一直在追她。妈妈因而给了她一个隐形的魔戒，让她戴着睡觉。后来，当安妮的梦境中再次出现这只老虎时，她想起了自己的魔戒，就勇敢地站出来与老虎对峙。后来安妮发现，老虎只是想和她做朋友。所以，安妮又多了一个盟友，帮她一起对付其他可怕的事物。

在我向女儿莫利亚讲述了安妮的故事后，她决定把这个故事的主角更名为“莫利亚”。后来，我看见莫利亚站在洗手间的马桶上，和镜子里的自己讲这个故事。她关于噩梦的恐惧很快就消失了。虽然她还是会偶尔做噩梦，但已经不再那么害怕了。

家庭矛盾带来的恐惧。我们在第5章中已经讨论过，家庭矛盾会给孩子带来焦虑，让他们觉得自己的安全受到了威胁。随着他们渐渐长大，他们会意识到家庭冲突会带来什么样的后果，当父母吵架时，会担心父母可能会分居甚至离婚。除此之外，孩子们还常常把家庭矛盾的责任归于自己身上，他们觉得自己是父母矛盾的罪魁祸首。他们还觉得自己有能力解决这场冲突，认为维护家庭的完整是自己的责任。

父母应该谨记，切勿让孩子卷入夫妻矛盾中来（详见第5章）。同时，当孩子见证了你们争吵的过程后，也要让他们知道这起矛盾是如何解决的。正如心理学家马克·卡明斯指出的那样，幼小的孩子可能还不能理解言语上的和解，但当他们看到父母彼此原谅，互相拥抱时，他们会感到安心。

对死亡的恐惧。这个年龄段的孩子已经知道了死亡，并且会询问相关的问题。对父母而言，做到诚实很重要，要让孩子知道，你理解他们的焦虑和难过之情，而不要对他们说这种想法很傻，或这件事很微不足道。例如，如果孩子失去了一个朋友、亲人或宠物，你要认同他的悲伤之情，和他一起缅怀这个人或小动物，拥抱他，给他安慰。忽略或者弱化孩子的悲伤情绪，并不会让这些情绪凭空消失，只能让孩子觉得，你在谈起死亡这件事时很不自然；将来，如果孩子遇到什么重大的事时，他将很难向你开口。

无论孩子在恐惧什么，父母都要记住，恐惧是情绪中自然的一部分，并将在孩子的日常生活中扮演积极的角色。在担心孩子可能因为恐惧而止步不前、不敢探索和学习时，你也应该知道，他们也需要了解这个世界有时是一个危险的所在。从这个意义上而言，恐惧能帮助孩子适度地保持警惕。

在与孩子谈论关于恐惧的话题时，别忘了使用情绪管理训练的基本技巧。当孩子表现出恐惧情绪时，认同他的感受，帮他标注这种情绪，感同身受地和孩子谈论恐惧的话题，与孩子一起进行头脑风暴，寻找应对各种威胁的方法。在谈论如何应对火灾、陌生人或疾病等威胁时，也是你谈论如何预防这些情况发生的好时机。例如，当孩子表达出对火的恐惧时，对他说："想一想，如果家里起火，的确挺可怕的。这就是为什么我们装置了烟感器，这样，一旦有东西燃烧，我们就能及时得到提醒。"

同时要记得，孩子有时会通过非直接的方式来表达心中的恐惧。例如，当孩子询问当地是否有孤儿院时，他可能并不是想听一场关于社会福利的演说，而是在表露自己害怕被遗弃的恐惧之情。因而，父母要懂得倾听问题背后的情绪，尤其是当孩子提及敏感的话题如"遗弃"或"死亡"时。[①]

---

① 更多关于儿童恐惧、焦虑的话题，建议阅读《让孩子远离焦虑》，该书中文简体字版已由湛庐引进。——编者注

少年期（8~12 岁）

到了这个年龄段，孩子就开始加入更广泛的社会群体，并对社会影响力逐渐有所了解。他们开始注意到，在他们的群体里，谁受欢迎，谁被排斥。与此同时，孩子的认知能力得到了进一步的提升，并逐渐体会到情商的重要性。

随着孩子对来自同伴的影响力感受越来越强烈，你将发现，他会不惜一切代价，来避免在同伴面前显得尴尬。在这个年龄段，孩子开始对自己穿的衣服、背的背包有特别的要求，就连参加什么样的活动也有自己的想法。他们会努力避免让大家关注自己，尤其是当他们害怕自己的形象或行为会招致批评或嘲弄时。**尽管很多父母都希望自己的孩子成为领导者，而非跟随者，但在这个年龄段，顺从他人是完全正常的。**顺从他人，意味着孩子越来越熟练地读懂他人的社会提示，这种能力将让他终身受益。在 8 岁到 12 岁这个时期，这种能力显得尤为重要，因为这个年龄段的同伴有时会无情地嘲弄他人。读懂他人的社会提示，能帮助孩子降低发生这种情况的概率。在这个年龄段，嘲弄就像一个大熔炉，很多行为标准都由此塑造。嘲弄在女孩和男孩中都极为普遍，只不过对男孩而言，嘲弄往往还伴随着体力的较量。

既然代价如此之高，孩子们因而渐渐学会了顺从。他们明白，在面对嘲弄时，最好的回应方式就是忍耐。当团队首领拿走了你的帽子或者骂你时，反抗、哭诉、告密或发怒只会惹来更多的羞辱和排斥。如果能逆来顺受，你反而有更大的机会保护自己的尊严。正是出于这种考虑，这个年龄的孩子在与同伴相处时常常切断自己的情绪和感受，不在同伴面前显露感情，这种方式被称为“情感切除”（emotion-ectomy）。孩子大都能掌握“情感切除”这项技能，但我们观察发现，接受情绪管理训练的孩子掌握得最好，因为他们从很小的时候就已经掌握了调控情绪的能力。

对于优秀的情绪管理训练型父母而言，孩子们对同伴“洒脱”和“隐忍”的态度令他们很困惑。从亲子小组中我们发现，大部分父母都错误地以为，在这个年龄，当孩子与同伴发生冲突时，最好的做法是让孩子与这个人坐下来谈自己的感受，共同想出解决问题的方法。这种策略可能对学龄前的孩子而言非常有效，但对 8~12 岁的少年而言则会变成一场灾难，因为在这个年龄，表达情绪反而会给他们带来麻烦。接受情绪管理训练的孩子可能已经具备认识到这一事实的社会洞察力。他们能够读懂同伴的社会提示，并随之做出回应。

这个年龄段的孩子在压抑自己情绪的同时，也在感受智力飞跃带来的影响力。在 10 岁左右，孩子会感受到自己的逻辑推理能力得到了显著的提高。我喜欢把这个年龄段的孩子比作电影《星际迷航》（*Star Trek*）中的斯波克先生（Mr. Spock），他很少显露自己的情绪，但却享受逻辑推理带来的乐趣。这时，孩子回应世界的方式，就像自己的大脑是台计算机。例如，当父母告诉 9 岁的儿子“把袜子捡起来”时，他或许会一手举着一只袜子，反问你道：“你没告诉我把它放哪儿。”

对成人世界的无礼和嘲讽，是这个阶段的孩子典型的行为，因为他们看待这个世界的方式是非黑即白、非对即错。当孩子长到 10 岁到 12 岁时，他们一下子意识到，原来这个世界上有那么多的专制存在，有那么多不符合逻辑的事情存在。在他们的意识里，这个世界就像是《疯狂》杂志

（*Mad*）的现实演绎。在他们眼里，大人也许是虚假的伪君子，与此同时，对大人的嘲讽和轻蔑变成了他们最主要的“情绪”。

出现这些判断和评价，是因为孩子正在形成自己对价值观的认识。你会发现，孩子到了这个年龄段后，非常关心什么是道德的、什么是公正的。他们设想这个世界是一个“纯粹的所在”，所有人都能得到公平的对待，纳粹或者战争从来都不曾出现，暴君和专制从来都没存在过。当他们看到大人的世界里存在着奴隶买卖和残酷迫害异端的宗教法庭时，他们对这个世界更是充满了蔑视。他们开始怀疑，开始挑战，开始独立思考。

然而，讽刺的是，这个时期的孩子也开始对同伴显露出专制和暴政的倾向。他一面呼吁每个人都应该拥有自由表达的权利，一面又要求衣柜专属于自己，不允许其他兄弟姐妹共享，并且坚持穿一种设计风格的运动衫；他一面为化妆品行业在动物身上做实验的残暴行径深为痛心，一面又在休息时排斥某个同学，不让他一起玩篮球。

面对孩子的反复无常，父母应该如何应对呢？我的建议是父母应该放宽心，并认识到这个年龄段正是一个探索与尝试的阶段。孩子用专权的方式对待周围的伙伴是正常的，也是其健康成长的过程。这表明，在自己和同伴的世界中，他们具备认识这个小世界的标准和价值观的能力，并试着去融入这个团体，避免被排斥。

如果你发现自己的孩子不公平地对待其他孩子，要让孩子知道你的感受，把它当作一次传递善良和公平对待他人等良好价值观的好时机。然而，除非孩子真的做出了什么出格的行为，否则我不赞成父母用尖刻的言语和严重的惩罚措施来对待孩子。拉帮结派、向同龄人施加压力，对这个年龄段的孩子而言都是正常的行为。

当孩子抱怨自己被人排斥或被不公平对待时，父母应该使用情绪管理训练的技巧，来帮助孩子应对难过和愤怒等情绪，帮孩子想出一些解决问题的方法。例如，和他一起探索一个人应该怎么建立友谊、保持友谊。当他想像同龄的孩子一样穿衣打扮、说话做事，并试着融入他们时，不要忽视或改变他的意愿。相反，父母要肯定并接纳他的愿望，成为他的盟友，帮他实现这一想法。

对于孩子的嘲弄，我建议父母们不要把这些指责太往心里去。对于这个年龄段的孩子而言，对大人价值观表现出无礼、嘲讽和轻蔑是正常的。如果你真心觉得孩子对你很无礼，可以针对具体的事告诉他你的感受（“当你嘲笑我的发型时，我感觉你很不尊重我”）。这是一个传递价值观的好时机，教会孩子懂得在家里互相尊重，善良待人。和小时候一样，孩子在这个年龄段也需要与父母建立感情联结，如果父母能通过这条联结，给孩子以善意的指引，那就再好不过了。

青春期

当孩子十几岁时，他们最关注的问题是自己的身份问题：我是谁？我要成为什么样的人？我应该成为谁？因而，当父母遇到孩子的青春期，看到孩子在自我意识中不能自拔时，不要感到太意外。随着与周围朋友的关系成为生活中的重要部分，他对家庭的兴趣将大大减弱。因为他正通过朋友关系发现自己是谁，认识自己在家庭以外的世界里的角色。然而，即使面对朋友关系时，青春期孩子的关注焦点仍然是自我。

在研究孩子与朋友相处的过程时，我们录下了一段两个十几岁女孩的对话。这段对话生动地演绎了青春期孩子关于自我的思考。

> 两个女孩刚一见面，其中一个女孩告诉对方，自己在夏令营里为一些有情绪问题的孩子做辅导。听到这些，另一个女孩没有问这位新朋友关于这件事的细节，而是把新朋友的经历当作一个跳板，借此探索关于自我的思考。“哇，这真有趣啊，”另一个女孩回应道，“但我永远都不可能那样做。我没耐心。当姐姐把她的小宝宝给我看时，我接过来了，觉得小宝宝好可爱。可是等他一开始哭，我就急忙把他还给姐姐了，就像对他说‘不用了，谢谢’一样。我觉得我永远都做不了妈妈，因为我没耐心。我不明白，为什么你有那样的耐心，去为那些孩子做辅导。我想我应该向你学习，但我不敢肯定我真的能做到。你觉得我可以吗？”

就这样，女孩的独白继续着，拿自己与新朋友比较，想象着自己能否改变、成长，思考自己身上有哪些自己喜欢的优点，哪些自己厌恶的缺点。即使她愿意让谈话的焦点转移到新朋友身上，也是因为她想通过对方来进一步地认识自己，而不是想与这位新朋友更加亲近。对于大多数十几岁的孩子而言，友谊就像一辆脚踏车，他们骑着它去探索自我。

这个例子或许不能代表所有的青春期孩子，但却向我们展示了青春期孩子自我专注的动机。十几岁的孩子正在经历一场自我发现之旅，他们不断地改变方向，先是这个方向，再换作那个方向，在跌跌撞撞中寻找一条属于自己的真实的道路。他们探索关于自我的新的身份、新的事实和新的方面。这些探索对于十几岁的孩子而言是完全健康和有益的。

然而，这条道路并不总是平坦的。激素水平的改变，让青春期的孩子有时会急刹车，有时会失去控制，情绪起伏不定、大起大落。不利的社会因素在青少年脆弱时乘虚而入，让他们面临毒品、暴力或性行为等风险。然而，无论如何，他们关于自我的探索从来都没有停止，成为人类发展中自然而必不可少的一部分。

在探索自我的过程中，青春期的孩子面临的最大一项任务就是理性与感性的整合。如果我们把少年期的孩子比作电影《星际迷航》中极度理性的斯波克先生的话，那么对青春期的孩子而言，最贴切的形象就是柯克船长。在他指挥“进取号”星际飞船行驶的过程中，当需要做决定时，他的极度感性和人性的一面频频受到理性经验及逻辑思维的挑战。当然，精明的船长懂得如何在二者之间实现完美的平衡，在全体船员面前展现无可挑剔的领导力。在置身于一个情景中，心和大脑发出不同的声音时，青春期的孩子也只能效仿柯克船长，试着做出准确的判断。

在面对异性时，或者在应对自我接纳等问题时，青春期的孩子更容易遇到相似的情形。例如，一个女孩发现自己对一个男孩很有好感，但却又很难尊重他（“他真是很帅。但当他一开口，一切都毁了”）。一个男孩发现自己正在滔滔不绝地发表意见，而他父亲也曾这样做过，他当时还站出来抗议（“我简直不敢相信！听自己说话的语气，和我老爸一模一样”）。就这样，青春期的他们忽然发现，这个世界并不是非黑即白的。它有很多面，有一些是灰色的，有一些是其他颜色的，正是这些不同的侧面共同构成了现在的自己。

一个人迈向青春期的道路是艰难的，作为他们的父母，必须给予孩子更多的理解。因为十几岁的孩子如果要探索自我，就必须摆脱来自父母的束缚。正如咨询师兼作家麦克尔·李维拉（Michael Riera）在书中写的那样："在孩子的青春期之前，你在孩子的生活中扮演着'经理'的角色：安排行程，预约家庭医生，计划周末户外活动，指导他完成家庭作业。你密切地关注着孩子的学校生活。当孩子遇到问题时，他第一个求助的人就是你。但到了青春期，所有这一切都不再适用了。没有接到任何通知，也未经过你的允许，你这个'经理'被解雇了。现在，你必须挣扎着重新站起来，重新制订战略和计划；如果你想在孩子的青春期乃至以后对孩子产生积极的影响，你就必须转变自己的角色，成为一个顾问，重新上岗。"

当然，这是一个精准而又高难度的转身。客户不会雇用一个给自己带来压力的顾问，更不会容忍他威胁到自己正在经营的生意。客户需要一个值得信任的顾问，理解自己的目标，提供翔实的建议，帮助自己实现这一目标。而在这个年龄段，青春期的孩子的首要目标是实现自主。

那么，如何成为孩子的顾问呢？如何才能给孩子足够的自主权，让他逐渐成长为羽翼丰满的大人，而与此同时与孩子保持足够的亲密，成为他的情绪管理训练导师呢？通过下面的小提示，我们或许可以做到这一点。这些观点主要来自已故的心理学家、作家海姆·吉诺特。

青春期的到来意味着父母需要与孩子保持距离，父母应该接受这一点。例如，父母必须认识到，十几岁的孩子需要有自己的隐私权。偷听孩子的谈话，偷看孩子的日记，或者问很多试探性的问题，这些行为会让孩子失去对你的信任。这样做反而会在你们之间竖起交流的屏障。当艰难的时刻到来时，你的孩子将会把你看作是敌人，而非盟友。

除了尊重孩子的隐私权之外，还应当尊重孩子偶尔有不安或不满的权利。诗人兼摄影师戈登·帕克斯（Gordon Parks）曾经这样记录自己的青春期：“在痛苦的名义下，我在失落中狂喜。”给孩子空间，让他体会这种感受的深度，避免问类似“你到底怎么回事”这样的问题。当孩子悲伤、愤怒、焦虑或沮丧时，这样的问题只能显示你在否定他的感受。

此外，当孩子向你敞开心扉时，不要急切地表达你对他的理解。十几岁的孩子有着新锐的视角，因而也相信自己的经历是独一无二的。当父母让他觉得其行为很浅显、动机显而易见时，他会感到很尴尬。因而，父母应该耐心地、抱着开放的心态去倾听，不要一开始就觉得自己知道并理解他要表达的一切。

青春期是孩子张扬个性的时期，因而孩子会选择一些你可能并不欣赏的衣服、发型、音乐、艺术和说话方式。要记住，孩子的选择不需要得到你的允许，只需要得到你的接纳。

出于同样的原因，父母也应该尽量避免在言行、打扮等方面约束孩子。让孩子的服饰、音乐、姿势等专属于自己，正如一句话说的那样：“我和我的父母不同，我为此感到骄傲。”

尊重你的孩子。现在，花一点时间想象一下，父母大都如何对待他们青春期的孩子呢？而如果换作你的好朋友以这样的方式对待你，你会感觉如何？如果朋友频频提醒你的缺点，并在敏感的话题上嘲笑你，你会有什么样的感受？如果朋友长篇大论，对你指指点点，告诉你应该怎样生活，你会感觉如何？你可能会感觉，这位朋友不太尊重你，不考虑你的感受。时间久了，你就会渐渐疏远这位朋友，不再由衷地信任他。

当然，我并不是说父母应该像对待自己的朋友一样对待孩子（父母与孩子的关系远比朋友关系要复杂得多），但是父母至少应该像尊重朋友一样尊重孩子。因此，我建议你避免用嘲弄、指责或羞辱的方式来对待孩子。向孩子传递价值，但要避免长篇大论或者对孩子评头论足。没有人想被人说教，青春期的孩子尤其不希望如此。

当孩子的行为引发冲突时，避免使用标签（懒惰、贪婪、邋遢、自私）来评价孩子的品质。针对具体的行为，告诉孩子你的感受（“你没洗碗就走了，这让我很反感，因为我需要替你完成这项工作”）。当然，也要避免使用逆反心理学。例如，心里希望孩子这样，却要求孩子做相反的行为，因为你已料定孩子会和你对着干，所以最终如愿，得到预期的效果。这种策略会让孩子感到困惑，并感觉自己被操控，感觉父母不诚实，并且这招很少真正管用。

给孩子一个好的社区环境。一句有名的谚语这样说道：“举全村之力才能养好一个孩子。”这句话对青春期的孩子而言太正确了。正是出于这个原因，我建议你积极参与孩子的日常生活，了解他生活中的朋友，认识这些朋友的父母。

有一次，在教堂集会上，我听到一位妈妈的演讲。她的女儿做了很多工作，帮助部分地区的难民安置下来。这位妈妈的演讲主题正与此有关。这位妈妈认为，女儿的所作所为是一种善良和慈善的慷慨行为，认为女儿是一个很优秀的人。“尽管我和丈夫都为养育了这样一个女儿感到骄傲，”这位妈妈说道，“但我想把养育女儿的功劳归于整个社区。”她接着讲道，女儿在十几岁的时候，遇到了一些困难，不愿和父母说。但她知道，在这期间，女儿经常花时间待在朋友的家里，和朋友的父母们聊天。因为这些家庭都属于同一个社区，她知道这些家庭和自己的家庭有着相同的价值观。“我信任这个社区，正因如此，我女儿才得以成长为一个值得我们为之感到骄傲的人。”这位妈妈说，“但女儿不是光靠我们养育的，整个社区都是她的家。”

父母不能给孩子一切，在青春期的时候尤其如此，因此我建议父母给孩子一个关心他、支持他的“社区”。这可以是集会、学校，也可以是邻里之间；可以是你的家族亲戚，也可以是你的朋友知己。选择哪一种形式都不重要，关键在于他们要和你有着相同的价值观，而你给孩子提供了接触他们的机会。在孩子的青春期，他们可能会不可避免又自然而然地疏远你，而这些人就可以成为你的依靠，给孩子指引与支持。

鼓励孩子自主决策，继续做孩子的情绪导师。在孩子的青春期，父母究竟应该在多大程度上参与孩子的生活呢？这恐怕是一个艰难的决定。和以往一样，父母应该鼓励孩子掌握自主权，允许他们做自己喜欢做的事。现在是他们为重要的事情做决定的时期。现在也是恰好的时机，让你对他说：“决定权在你。”对于孩子的判断，要表达你的信任，而不要急于预测他的决定正确与否。

鼓励孩子自主，也意味着要允许孩子有时做出一些不理智（但一定是安全的）的决定。父母要懂得，孩子从失败中学到的经验和从成功中学到的一样多。如果父母善解人意，给孩子以支持，就更加理想了。当孩子遭遇失败时，父母能帮助他应对由失败带来的消极情绪，并和他一起想出改进的方法，使孩子在将来做得更好。

需要再次提醒父母的是，我们的研究显示，若父母在养育孩子的过程中进行情绪管理训练，孩子长大后将更容易取得成功。这些孩子情商更高，理解并接受自己的感受。他们有更多机会独立解决问题，有更多与他人一同解决难题的经验。因而，他们在学业上的成就更显著，与周围人的人际关系更好。有了这些因素作保障，这些孩子在青春期面临毒品、犯罪、暴力和不成熟性行为等风险的概率较低，而这些风险正是所有父母最担心孩子在青春期会面临的。

因而，我建议你关注孩子的日常生活，接受并认可孩子的情绪体验。当出现问题时，感同身受地去倾听，而不要做任何评价。当他有问题找你帮忙时，做他的盟友。正是这些简单的方法，成就了父母和孩子之间终身的感情联结。

高情商教养要点 EQ

- 在与父母相处时，孩子不是被动地回应，而是采取积极的行动与父母交流。他们试着与父母在情感上相联系，让父母逗自己，与自己玩耍。
- 通过表达对孩子想法和感受的理解，能让孩子感觉更安全，你们之间的情感会更稳固。

- 友谊是培育孩子情绪成长的土壤。因而，父母要保证孩子有与伙伴单独、自由相处的时间。

- 父母要懂得倾听问题背后的情绪，尤其是当孩子提及敏感的话题，如“遗弃”或“死亡”时。

译者后记

“给你吃好的，穿好的，玩好的，你还想要什么？”看见儿子闷闷不乐，一位父亲反问道。

一位妈妈接上小学的儿子回家，一路上都在大声呵斥儿子。当听到儿子哭诉着说“老师骂我”时，这位妈妈反问道：“你做了什么坏事，让老师骂你？”

一个男人在35岁时有了自己的第一个孩子。他对孩子宠爱有加，但他也知道，爱孩子不等于溺爱孩子。因此，当孩子因愿望被拒绝而哭闹时，他严肃地对孩子说道：“不许哭，不许着急！”

邻居家的孩子依依上小学五年级了。妈妈一直想让她赢在起跑线上。依依每天写作业到夜里10点以后；每个周末要上3个辅导班。尽管学习成绩一直保持在中上水平，但依依变得很内向，不爱表达。

……

面对身边这么多鲜活的例子，作为新手妈妈，我开始思考究竟什么样的教养方式对孩子最好。给孩子提供最好的物质条件？牺牲所有的业余时间，陪孩子上兴趣班、强化班？还是，仅仅给她百分百的爱就足够了？

很多父母都把为孩子提供优质的物质保障，当作衡量自己的父母角色是否合格的标准。对于孩子的情感世界，他们很少去触碰。对于孩子的情绪，父母大都采取回避、转移、贬低、缩小的方式—要么视而不见，要么承诺给孩子一个新玩具，要么说孩子没骨气，要么对孩子说“那没什么好难过的”。你一定也听过这样的话“打是亲，骂是爱”。的确，在中国，打骂教育盛行了几千年。也正因如此，才有了现代版的“虎妈”“狼爸”。

令人惊喜的是，约翰·戈特曼的这本《培养高情商的孩子》给了我一个新的思考维度。原来，孩子可以这样教养。我怀着极大的热情阅读并翻译了这本书。作者的专业性和深刻的见解令我大开眼界。每一段文字，都让我受益匪浅。

在这本书中，有一个可以让父母评估自己养育方式的测试。当我发现自己属于作者笔下的“忽视型父母”时，我很意外。的确，在孩子表现得顺从、可爱时，我很享受和她在一起的美好时光，但一旦孩子开始哭闹、发脾气时，我真想让时间加速，让她尽快恢复原本的可爱模样。我想，生活中有很多人像我一样，迫切地想知道该如何在情绪上引导孩子，让孩子成长为一个情商与智商兼具的人。

丹尼尔·戈尔曼在他的《情商》一书中谈到，有7种能力对人极为重要，它们分别是：激励自己的能力、不畏挫折的能力、推迟满足感的能力、调节情绪的能力、怀有希望的能力、同情的能力、克制冲动的能力。

这7种能力交织在一起，成就了一个人的高情商。如果不具备这些能力，孩子就极易成为问题青年，甚至是对社会有害的人。教给孩子这 7 种能力，对父母而言任重而道远。我想，戈特曼在本书中或许给了我们一个切实可行的情商养育策略。

戈特曼独创的情绪管理训练方法，教我们通过 5 个简单可行的步骤，在日常生活中与孩子进行情感上的交流，教孩子通过认识、接纳这些情绪，最终知道如何应对和调控情绪。戈特曼还针对孩子成长的每一个阶段，量身打造了不同的养育策略，从孩子呱呱坠地到叛逆的青春期，让父母在孩子各个阶段都能智慧从容地应对。

令人印象深刻的是，这本书还花了不少篇幅讲述夫妻如何通过使用情绪管理训练，保护孩子免受婚姻冲突带来的负面影响。婚姻冲突是每对夫妻都会遇到的问题。哪怕是一对幸福的夫妻，也难免在日常生活中发生争论。那么，这些争论应当尽量避免吗？戈特曼给我们的答案是否定的。夫妻间的争论，如果建立在对彼此尊重的前提下，将让孩子学会如何在日后表达自己的不同意见。夫妻间最终达成和解，重归于好，将让孩子懂得如何化解冲突。这样的见解真的令人心服口服，让每一个有孩子的家庭受益。

最后，感谢母亲在我翻译本书的过程中给我的鼓励和督促。感谢我的爱人郭宇新，是他的爱、支持和善意，让我更深刻地体会到本书的内涵。感谢我的女儿小昕宝儿，有了你的陪伴，让我能带着丰富的情感翻译这本书。此外，我还要感谢我的好朋友马艳玲、付伟娟、马贝贝、郭宇明，在我翻译的过程中，他们给了我热心的指导和帮助。

未来，属于终身学习者

我们正在亲历前所未有的变革——互联网改变了信息传递的方式，指数级技术快速发展并颠覆商业世界，人工智能正在侵占越来越多的人类领地。

面对这些变化，我们需要问自己：未来需要什么样的人才？

答案是，成为终身学习者。终身学习意味着具备全面的知识结构、强大的逻辑思考能力和敏锐的感知力。这是一套能够在不断变化中随时重建、更新认知体系的能力。阅读，无疑是帮助我们整合这些能力的最佳途径。

在充满不确定性的时代，答案并不总是简单地出现在书本之中。“读万卷书”不仅要亲自阅读、广泛阅读，也需要我们深入探索好书的内部世界，让知识不再局限于书本之中。

湛庐阅读 App：与最聪明的人共同进化

我们现在推出全新的湛庐阅读 App，它将成为您在书本之外，践行终身学习的场所。

- 不用考虑“读什么”。这里汇集了湛庐所有纸质书、电子书、有声书和各种阅读服务。
- 可以学习“怎么读”。我们提供包括课程、精读班和讲书在内的全方位阅读解决方案。
- 谁来领读？您能最先了解到作者、译者、专家等大咖的前沿洞见，他们是高质量思想的源泉。
- 与谁共读？您将加入优秀的读者和终身学习者的行列，他们对阅读和学习具有持久的热情和源源不断的动力。

在湛庐阅读 App 首页，编辑为您精选了经典书目和优质音视频内容，每天早、中、晚更新，满足您不间断的阅读需求。

【特别专题】【主题书单】【人物特写】等原创专栏，提供专业、深度的解读和选书参考，回应社会议题，是您了解湛庐近千位重要作者思想的独家渠道。

在每本图书的详情页，您将通过深度导读栏目【专家视点】【深度访谈】和【书评】读懂、读透一本好书。

通过这个不设限的学习平台，您在任何时间、任何地点都能获得有价值的思想，并通过阅读实现终身学习。我们邀您共建一个与最聪明的人共同进化的社区，使其成为先进思想交汇的聚集地，这正是我们的使命和价值所在。

著作权合同登记号　图字：11-2013-287
The Heart of Parenting: How to Raise an Emotionally Intelligent Child by John Gottman and Joan DeClaire

图书在版编目（CIP）数据

培养高情商的孩子 / (美) 约翰 · 戈特曼，(美) 琼 · 德克莱尔著；付瑞娟译．— 杭州：浙江科学技术出版社，2023.9

ISBN 978-7-5739-0765-3

Ⅰ．①培… Ⅱ．①约… ②琼… ③付… Ⅲ．①家庭教育—教育心理学 Ⅳ．①G780

中国国家版本馆CIP数据核字（2023）第140677号

书　　名　培养高情商的孩子
著　　者　[美] 约翰 · 戈特曼　[美] 琼 · 德克莱尔
译　　者　付瑞娟

出版发行　浙江科学技术出版社
地址：杭州市体育场路347号　邮政编码：310006
办公室电话：0571-85176593
销售部电话：0571-85062597
E-mail:zkpress@zkpress.com
印　　刷　天津中印联印务有限公司

开　本	710 mm × 965 mm　1/16	印　张	18
字　数	200 000		
版　次	2023年9月第1版	印　次	2023年9月第1次印刷
书　号	ISBN 978-7-5739-0765-3	定　价	109.90元

责任编辑　陈淑阳　　**责任美编**　金　晖
责任校对　李亚学　　**责任印务**　田　文